LA OTAN Y LOS DESAFÍOS EN EL MERCOSUR

Rut Diamint

LA OTAN Y LOS DESAFÍOS EN EL MERCOSUR

Comunidad de seguridad y estabilidad democrática

UNIVERSIDAD TORCUATO DI TELLA

Nuevohacer
Grupo Editor Latinoamericano

Colección Estudios internacionales

1ª edición

ISBN 950-694-636-1

Impreso y hecho en la Argentina. Printed and made in Argentina.

Colaboraron en la preparación de este libro:

Diseño de tapa: Pablo Barragán. Composición y armado: José-Luis — Servicios Gráficos. Impresión y encuadernación: Edigraf S.A. Películas de tapa: Tango Gráfica S.A. Se utilizó para el interior papel Bookcel de 70 g y para la tapa cartulina de 250 g provistos por Papelera Alsina S.A.

PREFACIO

Ruth Diamint

Desde 1991 el hemisferio está embarcado en delinear en una serie de reformas cuyo fin es adaptar las instituciones de seguridad regional a los nuevos tiempos, regidos por la recuperación de la democracia y los procesos de integración regional. Pese a notorios progresos, aún no se ha logrado definir el marco que regirá las relaciones hemisféricas en este nuevo siglo, en armonía con los nuevos postulados políticos de las democracias occidentales.

Este libro es un aporte para ese debate desde dos niveles de análisis simultáneos: por una parte, una reflexión desde el contexto global, tomando como referencia el modelo europeo, como una matriz sobre la cual se puede comenzar a trazar un camino para nuestra región. Por otra, es una revisión de las recientes facultades adquiridas por los gobiernos democráticos para ejercer control político sobre las fuerzas armadas y definir, por primera vez, políticas de estado en cuestiones de defensa.

La OTAN evidencia su actualidad, sostenida en su autoridad, y reconocida en el hecho de que es el único ejemplo de diplomacia occidental donde existe una representación relativamente igual de objetivos y puntos de vista políticos y militares. La multiplicidad de instituciones de seguridad europea convergen en acciones orientadas por la nueva filosofía de la OTAN, y dejan al mismo tiempo, márgenes de acción para otros intereses europeos.

La legitimidad de cada una de estas organizaciones genera estabilidad en el escenario europeo.

Por el contrario, en el contexto latinoamericano, los conflictos que hoy percibimos están vinculados a la estabilidad de los regímenes democráticos, y a la falta de legitimidad de las instituciones hemisféricas. Estas democracias, amenazadas por una débil supremacía de las instituciones políticas, tienen limitadas capacidades para definir y conducir las políticas de seguridad y defensa; a lo cual se suma la capacidad de actores no-estatales de desafiar a los gobiernos o cooptar a sus funcionarios. Estas amenazas, relacionadas con déficits sociales o políticos no se neutralizan por medios militares. Por ello, la prevención de conflictos, la gestión de crisis y el alerta temprana han cobrado vigor como instrumentos de seguridad. Estos recursos dependen de la gestación de políticas de transparencia, tanto de actividades militares, como del gasto en defensa, de información acerca del equipamiento y de las doctrinas que justifican el accionar de los sistemas de defensa nacional. Los países europeos no se debilitaron por proporcionarse mutuamente esta información, mientras que resultan evidentes los beneficios que produce el incremento de la cooperación para la credibilidad y confianza entre los estados.

Estamos en una etapa en la que es urgente establecer criterios democráticos para el debate de las cuestiones de seguridad y que además lleven a ensayar internamente nuevas formas de control civil sobre los asuntos de defensa. La estabilidad y progreso de América Latina es un interés común, concordante con los proyectos de regionalismo e integración. La cooperación en seguridad es imprescindible, de la misma forma que el progreso de las Américas hoy es inseparable de la democracia y el respeto a los derechos humanos.

Con el fin de ampliar la estabilidad democrática regional e internacional, compatibilizando criterios y políticas, presentamos estos artículos de autores europeos y americanos, en los que se reflejan la relación entre instituciones de seguridad regional y políticas nacionales de defensa. Los cuatro primeros trabajos reflexionan sobre los principios de organización del sistema internacional, mientras que los cuatro últimos reflejan esas reglas de juego en contextos latinoamericanos.

Joseph Tulchin inicia el debate advirtiendo que el escenario global fija los parámetros para las regiones. Pero si bien el discurso se genera en el nivel internacional, se notan avances más concretos en el nivel regional. Con esta ventaja comparativa, el desafío de la región es poder establecer reglas de juego e instituciones, sustentadas en valores compartidos. Pero Tulchin nos induce a distinguir que en ese contexto hay espacio para quienes definen las reglas y quienes las cumplen: los *rule takers y* los *rule makers.* Este encuadre es el punto de inflexión para decidir que tipo de comunidad de seguridad se quiere construir en el Mercosur, acordando sobre las normas que estructuran esa comunidad. En esta introducción, Tulchin nos describe un panorama signado por cambios generados por las nuevas reglas del juego internacional, alertando sobre aquellos que aún quieren manejar las relaciones interestatales con criterios y conductas anacrónicas.

Fernando Rodrigo reflexiona sobre la seguridad hemisférica a la luz del modelo europeo. Señalando los logros que se han efectivizado en estos últimos años, remarca como uno de los aspectos salientes y más prometedores del futuro internacional, el vínculo entre democracia, seguridad e integración. Este sugestivo artículo muestra las herramientas con las cuales se construye una comunidad de defensa: la opinión pública, la diplomacia y las sanciones económicas. De allí que su idea es que tanto el Mercosur como la Unión Europea se desarrollaron centralmente como "potencias civiles". Pero ello no implica descartar el requerimiento inevitable de incluir las cuestiones de defensa en cualquier proyecto de cooperación, delimitado por las nuevas reglas del multilateralismo.

Continuando esta línea de análisis, Manuel de la Cámara presenta un detallado cuadro de los dilemas europeos de seguridad y las respuestas complementarias de las instituciones de Europa. Cada uno de los regímenes existentes tiene sus objetivos y sus mecanismos creando una red de capacidades separables pero no separadas, y de consulta permanente. Este rico y complejo marco institucional se basa en un programa de cooperación que no elimina la "autodiferenciación" de los estados. En este texto se puede reconocer como se crean instituciones de seguridad, pero principalmente, como se adaptan a las cambiantes condiciones comunitarias y globales. No elude un compromiso sobre los debates actuales, sosteniendo, por ejemplo, la racionalidad del derecho de injerencia, o el retraso de las capacidades militares europeas frente al poderío norteamericano.

Cierra el panorama general el artículo de Virgilio Beltrán, quien reflexiona acerca del debate sobre la integración en relación con las deficiencias regionales para definir políticas de defensa. La puntualización de las características de la seguridad en un mundo globalizado y unipolar, que él llama la "comunidad capitalista de seguridad", lo llevan a una conclusión similar a la presentada por Tulchin: no hay espacio para actuar fuera de las reglas internacionales. Al referirse más concretamente a la situación de nuestra región, incorpora el tema de los déficits en el ejercicio del control político de los militares, pese a que se está construyendo una incipiente comunidad pluralista de seguridad, en la cual, las diferencias no se resuelven por la vía armada. Por ello propone superar el Mercosur como acuerdo comercial para ampliarlo a las relaciones de defensa y seguridad compartidas.

Abriendo el debate sobre los casos nacionales, Paulo Joppert Crissiuma relata los perfiles de seguridad de Brasil en el contexto de la democracia y el nuevo orden internacional. Joppert explica minuciosamente los cambios en la política externa brasileña, en pos de mostrar su nuevo compromiso con la transparencia en los nuevos temas de la agenda internacional. Presenta tres supuestos conceptuales, presentes entre los líderes nacionales (el tercero es el que asume el actual presidente Cardoso) y tres escenarios, en función de los cuales Brasil organiza su estrategia global. Coincidiendo con otros trabajos de este libro, señala la necesidad de fijar cuáles son las amenazas comunes y las reglas de juego, para construir un sistema de defensa hemisférico y se plantea qué organización está mejor dotada para asumir esas funciones. Sus consideraciones sobre la concertación subregional son sin duda un eje del debate futuro en el ámbito del Mercosur.

Raúl Benítez Manaut nos introduce en otro marco regional, el TLCAN, comenzando con un repaso de la geopolítica mexicana a lo largo del siglo XIX y XX, para llevarnos a un punto de inflexión en el cual "en México se estaría rompiendo silenciosamente con más de 500 años de historia". Se detiene en explicar las estrategias alternativas de Estados Unidos y Canadá, para detallar los compromisos privados y gubernamentales que acordaron trilateralmente. Si bien por la heterogeneidad de poder, no hay un sistema de seguridad conjunto, se realizaron numerosos acuerdos basados en las peculiaridades de cada una de las naciones, trinacionales o bilaterales. Benítez augura, con el nuevo gobierno de Fox, una modificación del tradicional discurso de la soberanía mexicano.

Rut Diamint relaciona los regímenes de seguridad subregional con la deficiencia argentina para establecer la defensa como una política de estado y como una política de gobierno. Señalando las diferencias de contexto internacional y de concepciones de seguridad entre los gobiernos de Alfonsín y Menem, compara el rol de los diferentes actores que intervienen en las cuestiones de seguridad. Este escrito se detiene en los debates sobre la defensa sostenidos en el Congreso Nacional y en las dificultades para ampliar las normas e instituciones en el Mercosur. El trabajo finaliza con un pronóstico sobre las definiciones de defensa en el gobierno de De la Rúa, mostrando la preponderancia de un discurso de tono realista.

El libro concluye con el caso de Chile, presentado por Francisco Rojas

Aravena. Rojas se detiene en el hecho de que el debate chileno sobre seguridad es limitado e inducido, como una vía para conformar posiciones comunes entre los diferentes representantes gubernamentales, preguntándose si realmente existe un debate sobre la defensa. Rojas señala que hay seis ejes que articulan la mirada chilena del mundo: factores vecinales; la juridicidad; la disuasión; la inserción múltiple; el presidencialismo y las relaciones con las potencias. Estas líneas estructuran el debate y son la fuente para las numerosas medidas tomadas por los gobiernos de la democracia, que sin embargo no llevaron a un "multilateralismo cooperativo". Al igual que otros autores de este libro, reflexiona sobre la ausencia de criterios comunes sobre los nuevos riesgos en la región que sirvan de base para un sistema hemisférico de seguridad, a lo cual agrega la marginalidad estratégica latinoamericana.

Este libro es el resultado de una serie de presentaciones realizadas en el Seminario Internacional Institucionalización de los Sistemas de Seguridad, realizado en la Universidad Torcuato Di Tella, de la ciudad de Buenos Aires, los días 22 y 23 de junio de 1999. Queremos destacar las excelentes exposiciones que no forman parte de este texto, pero que enriquecieron los debates de la Conferencia. El embajador de Italia en Argentina, embajador Giovanni Jannuzzi, hizo un detallado y crítico debate sobre la OTAN y los dilemas de su ampliación. El ex secretario de Marina de Chile, embajador Pablo Cabrera, realizó una lucida presentación sobre la globalización y las diversidades nacionales y acerca de las disparidades entre los avances en el campo económico y la falta de correspondencia en el campo de la defensa. El director del Centro de Estudios Estratégicos de la Presidencia de Brasil, Carlos Enrique Cardim, hizo un sutil y claro relato acerca de los cambios en la política de seguridad brasileña.

También queremos agradecer al Dr. José María Ghio, vicerrector de la Universidad Torcuato Di Tella, por inaugurar este evento y facilitar su realización, quien junto a los profesores Mario Sandoval, de la Universidad de Marne la Vallée y Roberto Russell, de la Universidad Torcuato Di Tella, fueron comentaristas de los cuatro paneles, aportando sus ideas para mejorar los trabajos de los autores. También dejamos nuestro reconocimiento al notable aporte del Dr. Roberto Lavagna, quien añadió la visión económica del Mercosur, destacando que el interés comercial no fue lo suficientemente cohesionante como para generar un nivel de institucionalización de acuerdos de seguridad equivalente al europeo.

El libro *La OTAN y los desafíos en el Mercosur: Comunidades de seguridad y estabilidad democrática* y el seminario fueron realizados con el generoso soporte del programa Paz y Seguridad en las Américas, coordinado por Joseph Tulchin, director del Latin Ameritan Program del Woodrow Wilson Center for International Scholars de Washington, y Francisco Rojas Aravena, Director de FLACSO Chile. Este programa cuenta con el apoyo de la Fundación MacArthur, de Chicago. Para la realización del Seminario contamos con la colaboración de la Universidad Torcuato Di Tella, mientras que en la edición del libro tuvimos el aporte de la Fundación Ford de Nueva York.

Finalmente, mi reconocimiento para los profesores de la Universidad Torcuato Di Tella, Klaus Gallo y Ana María Mustapic que coordinaron los paneles; a Macarena Rodríguez Menéndez que corrigió las pruebas de este texto; a los colegas, académicos y funcionarios que con su presencia y debate enriquecen nuestra tarea; y a los estudiantes que presenciaron la conferencia, porque ellos serán los futuros líderes en la conformación de una comunidad civil de defensa regional.

Introducción

INSTITUCIONALIZACIÓN DE ACUERDOS DE SEGURIDAD

Joseph S. Tulchin

El debate sobre el régimen internacional, que empezó durante los primeros años después de la caída de la muralla de Berlín sobre cómo organizar el mundo después de la Guerra Fría y el que desarrolló Francis Fukuyama en su famoso artículo, "The End of History", en *The National Interest,* tienen un mismo foco: el triunfo de los valores de Occidente y la creación de un periodo de paz y de estabilidad internacional. Implícita en el argumento de Fukuyama está la idea de haber sido creado un espacio abierto que permite la existencia de una comunidad de naciones, viviendo en paz.

Es obvio que, diez años después de la publicación del primer artículo de Fukuyama, no hemos resuelto los problemas internacionales, no se ha precipitado del régimen de la Guerra Fría una comunidad global sin fricciones, sin tensiones, sin violencia, sin problemas. Por el contrario, a nivel global hay todavía más conflicto que nunca. Aún en el ámbito intelectual hay desacuerdos importantes sobre la naturaleza del sistema internacional. A nivel político hay desacuerdos fuertes sobre las reglas de la comunidad internacional. Sin embargo, es obvio, a pesar de todas las discrepancias, todas las críticas, quejas, y lo demás, que hay normas o reglas que se están imponiendo en el sistema, si no por unanimidad o por consenso general, por grupos de países actuando juntos o por algunos países de gran capacidad internacional y gran voluntad política.

La claridad de las reglas o normas es mayor y el consenso entre las naciones más fuerte a nivel regional que a escala global, y más fuerte aún a nivel subregional que a nivel regional. Esto puede ser intuitivo. Es entre países vecinos que hay más cultura e historia compartida, mayor comprensión, mayor comunidad de intereses. Pero la historia europea tiene muchos ejemplos de conflictos entre vecinos. La comunidad europea, una maravilla de convivencia, tiene apenas 50 años. Las guerras europeas son de siglos. También en América, las hipótesis de conflicto entre vecinos como Argentina y Brasil o Argentina y Chile tienen casi dos siglos. Las políticas de amistad tienen apenas una década. Por lo tanto, la comunidad de intereses a nivel subregional debe considerarse como latente, potencial, no necesaria. Para realizarse, es preciso crear confianza mutua.

En la región, a pesar de la euforia de la democracia y las reformas neoliberales, ha sido difícil avanzar más allá de una cierta convivencia general y vaga. Hemos visto muchas declaraciones sobre la nueva comunidad hemisférica, con normas apoyando la democracia, los derechos humanos, la paz, la no-proliferación –hasta la eliminación de la corrupción. Pero los hechos son mucho más modestos. Otra vez, es a nivel subregional que los hechos han seguido mejor a las declaraciones.

La pregunta que debe hacerse en el Cono Sur es cómo crear comunidad, o sea, cómo crear una región con sus características propias, con sus particularidades, con una agenda de seguridad compartida y con un marco para crear confianza mutua.

Para ello, lo importante es identificar los elementos de comunidad que servirían mejor como base de confianza. Si comparamos las distintas subregiones en las Américas, es fácil estar distraído por las diferencias entre ellas. Estas diferencias son importantes y debemos tomarlas en cuenta. Pero no tenemos que enfatizar las diferencias entre regiones, sino identificar las similitudes, para aprender de otras experiencias. Así, debemos preguntarnos cuáles son las preocupaciones en común que tienen los países del Mercosur, y sobre qué asuntos debemos dar respuestas semejantes para construir comunidad.

De los elementos en común de todos los países de Latinoamérica —el hecho o factor en su contexto global que afecta su participación en la comunidad global— lo más importante es que tienen que tratar con Estados Unidos y —les guste o no— no pueden pensar en regímenes internacionales o multilaterales que no incluyan a los Estados Unidos. Pero las comunidades subregionales van más allá de los EE.UU. Los países latinoamericanos también tienen que insertarse, todos, en el sistema internacional. Rechazar el mundo, volver a encerrarse, hoy conlleva costos tan altos que son casi impensables. En el caso que nos interesa, es decir, la creación de una comunidad de seguridad americana o del cono sur, esto significa vivir según las reglas de juego de ese sistema. La cuestión fundamental en la creación de una comunidad global es quiénes hacen las reglas (*rule makers*) y quiénes son los que meramente adhieren a las reglas formuladas por otros (*rule takers*). El desafío latinoamericano en el sistema global pos-guerra fría es saber cómo volverse *rule makers* en vez de quedarse como *rule takers*.

Finalmente, comunidad significa instituciones compartidas, instituciones que representan los intereses de los miembros de la comunidad e instituciones capaces de dar estructura a la comunidad. Durante los últimos años ha surgido una preocupación por fortalecer las instituciones del hemisferio, bajo la premisa que la fragilidad de las instituciones es la causa de la debilidad de la comunidad hemisférica. Pero, como se ha dicho varias veces en este volumen, las instituciones son necesarias pero no suficientes para forjar una comunidad. Para lograr los objetivos de una comunidad hace falta más voluntad política, mayor liderazgo.

Las instituciones son creadas para distintos fines. Hoy vemos que algunas de ellas no se adaptan a las nuevas necesidades de la región. Por ejemplo, el TIAR ya no sirve, hoy es anacrónico. Tenemos que preguntar: ¿Cuáles son las instituciones aptas para la comunidad hemisférica o para una comunidad subregional como el cono sur o el Mercosur? Aquí chocamos con el problema central en el hemisferio: cómo asimilar en la comunidad americana las reglas de juego que se están imponiendo en el sistema internacional. Es claro que en el caso extremo de rechazo de las reglas de juego —lo que se llama *rogue states* —hay consecuencias serias y profundas, como en los casos de Corea del Norte, Irak, o Libia. Pero, ¿qué pasa en la mayoría de los casos cuando un país desafía una regla o se encuentra incómodo con una de las reglas?

La confusión se multiplica en la región porque aún no se han fijado las reglas de juego entre los miembros. En este sentido, el caso Pinochet es ilustrativo. Es obvio que todos los países americanos apoyan los derechos humanos, están en contra de la tortura, el terror del Estado, etc. Pero, en el caso chileno, no es conveniente en términos políticos dejar que los españoles metan preso a Pinochet. Su respuesta —que semejante gesto viola los derechos de soberanía de Chile— no reconoce los cambios en el concepto de soberanía que se han dado, especialmente en Europa, donde se encuentra

Pinochet, ni los avances, algunos dramáticos, del concepto de extraterritorialidad en cuanto a temas como derechos humanos. Kosovo es la prueba de la importancia, por lo menos en Europa, de las nuevas reglas y de los nuevos códigos de comportamiento internacional. Es imprescindible en América Latina que cada país de la región evalúe las nuevas reglas internacionales y sus propias relaciones con estas nuevas reglas. También corresponde preguntarse si a ellos les cabe un rol de *rule makers* y no únicamente de *rule takers*.

Entonces, estoy proponiendo que el proceso de crear comunidad en América Latina y en el cono sur tiene dos dimensiones que se deben compatibilizar. La primera es darse cuenta de las reglas de juego a nivel global y cómo estas reglas afectan los intereses nacionales. La segunda es analizar la seguridad subregional y regional, preguntándose cómo se debe entender la interrelación de la comunidad global —con sus reglas, sus factores de poder y sus presiones— con la nueva comunidad subregional.

Para crear comunidad en América Latina hay que desarrollar un rol activo, demostrando un claro compromiso con las preocupaciones centrales del sistema internacional. Es en este sentido que los países en América Latina pueden convertirse en *rule makers* y no solamente participar como *rule takers*. Por ejemplo, América Latina tiene un rol protagónico en:

1. Regulaciones para el Control de Armas.
2. Participación mayor en *peacekeeping*.
3. Defensa de los derechos humanos.

En estas tres actividades, la participación da derecho a tomar parte en la creación de reglas.

En el nivel regional o subregional, los pasos son los mismos. La idea de crear regímenes e instituciones es crear mecanismos de comportamiento común. El primer paso es discutir las reglas de juego. Si analizamos las subregiones de América, podemos ver algunos ejemplos de comunidad exitosos que, posiblemente, podrían exportarse a otras subregiones. En los países del Caribe han hecho un esfuerzo notable para compatibilizar sus códigos penales. Esto podría ayudar muchísimo a los países andinos en sus luchas contra el narcotráfico. México puede tomarse como modelo en rediseñar sus relaciones bilaterales con los EE.UU. La Argentina ha hecho un esfuerzo importante en este sentido. Los otros países en el hemisferio aparecen empantanados en la retórica anti-yankee de los años de la Guerra Fría. En el cono sur han incluido nuevos actores civiles en el debate sobre políticas de seguridad. Esto podría ser útil en otros países, como en los andinos o en México.

Para todos, en sus comunidades subregionales o en la comunidad hemisférica, sería útil también ponerse de acuerdo en sus políticas hacia Estados Unidos. Esto es importante para crear comunidad en el sentido que acordar es mejor que no ponerse de acuerdo. Es importante también desde el punto de vista de la realpolitik, con el objetivo de controlar alguna de las acciones unilaterales de los EE.UU.

Pero todo esto implica asumir responsabilidades. Vivir en comunidad supone que todos los miembros de la comunidad participan en forma activa. Todos en alguna forma, participan como *rule makers*. Pero al asumir el rol de *rule maker*, un país asume la responsabilidad de seguir las reglas y apoyarlas.

Lo más difícil para los países latinoamericanos es aceptar el hecho de que ellos son elementos importantes de varias comunidades internacionales: la subregional, la regional, y la global. Los gobiernos latinoamericanos están acostumbrados a seguir el liderazgo de otros. Pero este modelo histórico ya no sirve. La globalización implica una integración de cada país en el sistema internacional mucho más estrecha que antes. Es difícil, tal vez imposible, aislarse del sistema y negar responsabilidad por lo que pasa en el mundo.

La globalización crea dos nuevas formas de establecer reglas, ambas sin acuerdos formales interestatales. En primer término, tenemos el mercado. Los mercados nunca son completamente libres. Los participantes —corporaciones, empresas, individuos— siempre buscan protección. Un ejemplo sería suficiente. La bolsa de Nueva York tiene reglas severas para las empresas que quieren vender sus títulos bajo la bandera de la bolsa más grande del mundo. Una empresa latinoamericana tiene que ajustarse a estas normas que, por lo general, son mucho más severas que las leyes nacionales correspondientes. No es preciso aceptar las normas severas, pero si es útil participar en la bolsa y si es útil tener acceso al capital de los mercados mundiales, entonces es útil conformarse a las normas privadas de la bolsa.

Otra fuente nueva de reglas de juego internacional son las ONGs. Básicamente son lobbies sin control internacional o, en algunos casos, sin controles nacionales. Forman redes de actuación internacional y abogan en favor de reformas muy específicas. Las ONGs han tenido un éxito considerable en los últimos años. El caso de Pinochet demuestra cómo la actividad de algunas ONGs puede influir en la política de algunos países que, a su vez, pueden tener un impacto muy fuerte en la política doméstica de otros países. El caso Pinochet ha tenido un impacto muy fuerte en la creación de comunidad internacional. El gobierno chileno se ha visto muy afectado por la actuación del gobierno inglés que, a su vez, se ha sentido obligado a responder a la demanda legal de un juez español. El propio gobierno español se ha sentido obligado a defender a su juez y su proceso jurídico. Por lo tanto, la oposición del gobierno chileno y sus argumentos tradicionales de soberanía y jurisdicción doméstica parecen anacrónicos. Mas la situación deja al gobierno chileno mal parado porque se encuentra en la posición vergonzosa de no apoyar a los derechos humanos como una norma internacional.

Los derechos humanos forman parte de la nueva comunidad internacional. Deben formar parte también de la nueva comunidad hemisférica y de la nueva comunidad subregional del cono sur. Pero, ¿hay límites en los derechos humanos? ¿El concepto de soberanía es más importante? Estas son las preguntas que todos los miembros de las comunidades tienen que preguntarse. Hoy, las respuestas pueden ser distintas a las respuestas de años atrás.

EL CÍRCULO VIRTUOSO: DEMOCRACIA, INTEGRACIÓN Y SEGURIDAD

Fernando Rodrigo

Europa y América latina: el desafío continental

La comparación en términos de seguridad entre una Europa dividida y una América latina autoritaria durante la década de los setenta y aún de los ochenta, sólo podía hacerse por referencia a la Conferencia sobre Seguridad y Cooperación en Europa, donde se encontraban en un mismo espacio diplomático los regímenes democráticos de Europa Occidental y Norteamérica con los comunistas de Europa Central y Oriental.

La existencia de este espacio de encuentro entre el Este y el Oeste, por muy precario que fuera, se consideró durante mucho tiempo un gran éxito y los extraordinarios avances que la llegada de Gorbachov al poder hizo posible, especialmente en el campo de las medidas de confianza y el desarme, hicieron pensar en la Conferencia sobre Seguridad y Cooperación en Europa como un modelo que quizás se pudiera exportar a otras latitudes.

Al principio de la década de los noventa, la simultánea transformación democrática de América latina y Europa Central y Oriental reforzó el atractivo de la Conferencia sobre Seguridad y Cooperación en Europa como un modelo para el continente americano, ya que a partir de la Carta de París para una Nueva Europa, aprobada por los Jefes de Estado y de Gobierno de los Estados miembros de la Conferencia sobre Seguridad y Cooperación en Europa en noviembre de 1990, la democracia se convertía en el eje sobre el que habría de descansar en el futuro la seguridad del viejo continente:

> "Estamos convencidos de que en orden a fortalecer la paz y seguridad entre nuestros Estados, el avance de la democracia y el respeto efectivo de los derechos humanos son indispensables."[1]

Un camino que también emprendieron los ministros de Asuntos Exteriores de América reunidos en Santiago de Chile en junio de 1991, con ocasión del vigésimo primer periodo ordinario de sesiones de la Asamblea de la Organización de Estados Americanos, cuando aprobaron el "Compromiso de Santiago con la democracia y la renovación del sistema interamericano", en el que afirmaban que:

> *"... la democracia representativa es la forma de gobierno de la región y ... su ejercicio efectivo, consolidación y perfeccionamiento son prioridades compartidas."*

Y concluían:

> *"...declarando su más firme compromiso político con la promoción y protección de los derechos humanos y la democracia representativa, condición indispensable para la estabilidad, la paz y el desarrollo de la región, así como para el proceso de cambios y renovación que requiere el sistema interamericano en el umbral del siglo XXI."*[2]

En la década de los noventa, pues, tanto Europa como América hicieron de la democracia la base de su seguridad y confiaron en la idea de que "las democracias no luchan entre ellas", idea que tanta tinta ha hecho correr en el ámbito de la teoría de las relaciones internacionales y entre los ideólogos de la política exterior norteamericana durante la presidencia de Bill Clinton.[3]

[1] CSCE, 1990. *Carta de París para una nueva Europa*. Jefes de Estado y de Gobierno, París.

[2] Véase Organización de Estados Americanos (1991). *Compromiso con la democracia y la renovación del sistema interamericano*. OEA, Santiago de Chile.

[3] Para una completa visión del debate teórico sobre la paz democrática, véase Brown, Michael E, Lynn-Jones, Sean M., et al., eds., 1996. *Debating the Democratic Peace*. Londres, The MIT Press. Y, en español, el excelente artículo de Peñas, Francisco Javier, 1997. "Liberalismo y

Sin embargo, la evolución de ambos continentes durante esta década ha puesto de manifiesto las limitaciones de este modelo. Por un lado, la disolución de Yugoslavia y la aparición de nacionalismos excluyentes en los Balcanes dejaron bien claro que la democracia no era el único valor en auge en el mercado político de la vieja Europa. Por otro lado, tanto en Europa como en América pronto se hizo evidente que, incluso entre los Estados que nominalmente habían abrazado la democracia, desarrollar y consolidar estos regímenes no iba a ser tarea fácil y que la traducción de esas nuevas realidades al terreno de la paz y la seguridad no se hacía en modo alguno de una manera automática sino que requería de un largo y complicado proceso.

América latina es un buen ejemplo de las dificultades de esta transformación, ya que a pesar de que en la década de los noventa todos los países del continente americano —con la excepción de Cuba— habían abrazado la democracia como forma de gobierno:

> *"El uso de la fuerza militar para hacer frente a las disputas bilaterales en la región continúa. Desde 1991 ha habido en América latina y el Caribe al menos un conflicto militar interestatal por año; la frecuencia de conflictos militares de hecho se incrementó en la segunda mitad de los noventa. Aunque el peor incidente fue la guerra a gran escala entre Perú y Ecuador en 1995, los conflictos interestatales son también comunes en América Central y entre Venezuela y Colombia."*[4]

Si algo ha quedado claro en esta década es que alcanzar la kantiana "paz perpetua"[5] a nivel continental, si es que alguna vez es posible, requerirá un largo y complejo proceso histórico y, mientras tanto, las viejas ideas imperiales y los miedos ancestrales seguirán jugando un importante papel en las concepciones de seguridad predominantes en ambos continentes.

Sin embargo, a pesar de la persistencia de los conflictos interestatales y de la aparición de los más complejos conflictos intraestatales, tanto la Conferencia sobre Seguridad y Cooperación en Europa como la Organización de Estados Americanos realizaron, a lo largo de la década de los noventa, desarrollos normativos e introdujeron mecanismos para hacer frente a las

---

relaciones internacionales: la tesis de la paz democrática y sus críticos". *Isegoría*, 16. Para conocer el uso de la tesis de la paz democrática por la administración Clinton, véase Lake, Anthony, 1993. "Estados Unidos y su presencia exterior". *Política Exterior,* VII, 35.

[4] Véase Domínguez, Jorge I., 1999. *The Future of Inter-American Relations*. Working Paper, Inter-American Dialogue, Washington.

[5] Véase Kant, Emanuel, 1985. *Sobre la paz perpetua*. Madrid, Tecnos.

crisis que transformaron la forma de entender las relaciones entre Estados en el nuevo contexto internacional creado tras el final de la Guerra Fría.

El eje de esta redefinición, como ya se ha señalado, fue el reconocimiento de la democracia como la única forma de gobierno legítima tanto en Europa como en América latina, ya que, de esta manera, se hacía posible la intervención colectiva de lo Estados en los asuntos internos de otro país y se establecían límites al antaño todopoderoso principio de no intervención, dado que cualquier amenaza a la democracia en un país era susceptible de interpretarse también como una posible amenaza a la paz en el continente.

Como Gregory Flynn y Henry Farrell han afirmado en relación con la experiencia de la Conferencia sobre Seguridad y Cooperación en Europa:

> *"El reconocimiento de la democracia como la única forma de gobierno en Europa tuvo profundas implicaciones para el concepto de soberanía. Durante la mayor parte de la historia del moderno sistema de Estados, la soberanía externa de un Estado era independiente de dónde residía la soberanía dentro del Estado. La norma de autonomía inscrita en el Tratado de Westfalia buscaba garantizar que la manera en que la soberanía estaba organizada dentro de un Estado estuviera fuera del alcance de los otros Estados. La Carta de París modificó este planteamiento. Dónde reside la soberanía dentro del Estado se convierte en central para el orden interestatal que está siendo creado y por lo tanto en una preocupación para los otros Estados."*[6]

Este cambio en la forma de entender los fundamentos del orden internacional no es un problema que se limite a Europa o América, sino que es algo que está afectando a todo el planeta, como ha puesto de manifiesto el Secretario General de las Naciones Unidas, Kofi Annan:

> *"La soberanía del Estado, en su sentido más básico, está siendo redefinida, entre otros factores, por las fuerzas de la globalización y la cooperación internacional. Los Estados son ahora entendidos como instrumentos al servicio de sus pueblos y no al revés. Al mismo tiempo, la soberanía del individuo – que yo entiendo como la libertad de cada individuo, tal y como ha sido plasmada en la Carta de Naciones Unidas y en los tratados*

[6] Véase el sugerente artículo de Flynn, Gregory; Farrel, Henry, 1999. "Piecing together the Democratic Peace: The CSCE, Noms, and the «Construction» of Security in Post-Cold War Europe". *International Organization,* 53 (3).

internacionales posteriores— se ha ampliado por una conciencia renovada y en expansión de los derechos del individuo. Cuando leemos hoy la Carta, somos más conscientes que nunca de que su objetivo es proteger a los seres humanos individuales, no proteger a los que abusan de ellos."[7]

Esta nueva concepción de la soberanía, que convierte a los ciudadanos en soberanos tanto en el orden doméstico como en el internacional, no se ha podido arraigar a nivel continental, donde el carácter democrático de los Estados es, en muchos casos, poco más que un pío deseo; pero sí parece que se está desarrollando en algunas zonas de ambos continentes de la mano de uno de los nuevos motores del mundo internacional: la integración regional.

El vínculo entre democracia, seguridad e integración es, probablemente, uno de los aspectos más dignos de estudio de este nuevo mundo que parece estar emergiendo entre las cenizas del antiguo. Hasta principios de la década de los noventa, democracia y seguridad parecían ser un binomio irreconciliable con el formado por democracia e integración, pero el final de la guerra fría ha desatado un proceso en Europa que parece estar poniendo fin a esta incompatibilidad.

Por otra parte, la integración entre países democráticos, que hasta hace unos años parecía un fenómeno exclusivamente europeo, cuenta ahora en el nuevo continente al menos con un claro ejemplo, el formado por los países del MERCOSUR. Y la preocupación por la seguridad está presente en ambos procesos de integración, aunque con diferente intensidad. La comparación, pues, entre la Unión Europea y el MERCOSUR es el siguiente paso en esta exploración de las diferencias y similitudes de ambos continentes en el terreno de la seguridad.

Democracia, integración y seguridad: las virtudes de la paz perpetua

La experiencia de Francia y Alemania tras la Segunda Guerra Mundial pone de manifiesto que la solución de los conflictos entre los vecinos es una de las condiciones básicas para que pueda emprenderse con éxito un proceso de integración. Esta era la idea que estaba detrás del Plan que en mayo de 1950 presentó Robert Schuman, el ministro de Asuntos Exteriores de Francia, para constituir la Comunidad Europea del Carbón y del Acero:

[7] Véase Annan, Kofi A., 1999. "Two concepts of sovereignty". *The Economist*, 18 septiembre.

"Europa no se construirá de una sola vez, ni de acuerdo a un único plan, sino gracias a avances concretos que antes creen una solidaridad de hecho. La unidad de las naciones de Europa requiere la desaparición de la antigua rivalidad entre Francia y Alemania, por lo que cualquier medida que se tome debe primero afectar a esos dos países.
Con este propósito en la mente, el gobierno francés propone actuar inmediatamente en un aspecto limitado pero decisivo. Propone que la producción franco-alemana de carbón y acero en su totalidad sea puesta bajo una Alta Autoridad común, dentro del marco de una organización abierta a la participación de los otros países de Europa.
La solidaridad en la producción así creada dejará claro que cualquier guerra entre Francia y Alemania es no sólo impensable, sino imposible."[8]

Es ésta la misma experiencia que está en el origen del MERCOSUR, ya que en la reconciliación entre Argentina y Brasil se basa todo el proyecto de integración regional:

"La integración económica se tornó posible por el abandono del conflicto como hipótesis de trabajo permanente en el relacionamiento entre la Argentina y el Brasil, que caracterizara buena parte de su vida independiente como naciones, legado de la ancestral rivalidad hispano-portuguesa en las antiguas colonias."[9]

Y la confianza necesaria para que tanto la reconciliación como la cooperación sean duraderas sólo puede darse entre regímenes que sean democráticos, es decir, donde rija el imperio de la ley, las decisiones se tomen de una manera transparente y los gobiernos dependan del apoyo de sus ciudadanos.

La democracia se convierte, pues, en un requisito para la paz perpetua entre los Estados y también para la prosperidad de los países, ya que si la soberanía recae en los ciudadanos, será tarea de los gobiernos conducir aquellas políticas internacionales que incrementen su bienestar, y no embarcarse en políticas de poder o de prestigio que puedan afectar negativamente el bienestar de sus ciudadanos.

[8] Véase el texto de la Declaración Schuman, en Salmon, Trevor C.; Nicoll, William, 1997. *Building European Union: a documentary history and analysis.* Manchester, Manchester University Press.

[9] Para la comprensión del Mercosur como un proceso político y no sólo económico, véase Peña, Félix, 1996. "La construcción del Mercosur". *Archivos del Presente,* 4.

No es de extrañar, pues, que los jefes de Estado del Mercosur hayan hecho de la supervivencia de la democracia uno de los objetivos fundamentales de la integración regional y hayan actuado unidos cuando la democracia estuvo en peligro en uno de sus socios.

Pero ya desde Kant se aceptaba el carácter parcial de esta paz perpetua hasta que todos los Estados del mundo se convirtieran en democráticos y, por lo tanto, la necesidad que tenían los Estados pacíficos de hacer frente a los desafíos provenientes de aquellos otros miembros de la comunidad internacional autoritarios y belicosos.

Durante los años de la guerra fría se ha acudido al sistema tradicional de alianzas militares y equilibrios de poderes para hacer frente a posibles amenazas; sin embargo, con el fin de la división del mundo en bloques han surgido tanto nuevas amenazas como la necesidad de hacerles frente con nuevos medios.

Durante la guerra fría los países europeos confiaban en su alianza con Estados Unidos y en la Organización Tratado del Atlántico Norte para hacer frente a un posible conflicto con la Unión Soviética y sus aliados, pero al principio de la década de los noventa la desintegración de Yugoslavia puso a la recién creada Unión Europea ante un desafío que no estaba preparada para manejar, debido tanto a las características del conflicto como al desinterés norteamericano o a la inadecuación de la OTAN.

La caída del Muro de Berlín precipitó un cambio cualitativo en el proceso de integración europea, que se reflejó en el Tratado de la Unión Europea y la creación de un Política Exterior y de Seguridad Común. Sin embargo, la reticencia de Estados Unidos y de algunos socios europeos hacia una política exterior y de seguridad europea que pudiera debilitar la OTAN, impidió que se dotara a la PESC de los recursos necesarios. Así, en septiembre de 1991, cuando la guerra entre Serbia y Croacia se volvía más atroz, un impotente Jacques Delors, presidente de la Comisión Europea, tuvo que admitir ante el Parlamento Europeo que la UE sólo contaba con tres armas para detener la guerra: la opinión pública, la diplomacia y las sanciones económicas.

La experiencia de Bosnia-Herzegovina sirvió para que en las reformas al Tratado de la Unión Europea que se acordaron en Amsterdam en junio de 1997 se haya incluido, en su artículo 17, la posibilidad de que la Unión Europea realice "misiones humanitarias y de rescate, misiones de mantenimiento de la paz y misiones en las que intervengan fuerzas de combate para la gestión de crisis, incluidas las misiones de restablecimiento de la paz."

Estas palabras, no obstante, hubieran sido probablemente letra muerta de no ser por la terrible experiencia de la guerra contra Yugoslavia por la cuestión de Kosovo. Esta experiencia sirvió para dejar perfectamente en claro a todos los líderes europeos que la guerra era posible en la civilizada Europa a finales del siglo XX, y que los europeos no estaban en absoluto preparados para hacer frente a esta eventualidad sin la ayuda de Estados Unidos, aunque ésta tuviera lugar en el patio trasero de su casa.

La reciente guerra en Europa ha servido, pues, para que se acabara con las reticencias tanto de algunos países europeos, neutrales o atlantistas, que no querían mezclar a la Unión Europea en las cuestiones de seguridad y preferían que siguiera desempeñándose como una potencia civil. Y en el Consejo Europeo celebrado en Colonia en junio de 1999, los Jefes de Estado y de Gobierno de la Unión Europea han aprobado una declaración en la que afirman que:

> *"Los miembros del Consejo Europeo estamos decididos a que la Unión Europea desempeñe plenamente su papel en la escena internacional. Para ello, nos proponemos dotar a la Unión Europea de los medios y recursos necesarios para asumir sus responsabilidades respecto de una política europea común de seguridad y defensa. (...) A tal fin, la Unión debe tener una capacidad de acción autónoma, respaldada por unos recursos militares creíbles, los medios para decidir emplearlos y la disposición para hacerlo, con objeto de responder a las crisis internacionales y sin perjuicio de la actuación de la OTAN."*[10]

Un planteamiento que, sin dejar de suscitar reticencias por la parte norteamericana, ha sido animado desde Washington como puso de manifiesto la declaración que la OTAN aprobó en la Cumbre que realizó en Washington en abril de 1999 para celebrar su 50 aniversario:

> *"Saludamos el nuevo ímpetu dado por el Tratado de Amsterdam al fortalecimiento de una política común europea en materia de seguridad y defensa y las reflexiones iniciadas desde entonces en la Unión Europea Occidental y –después de la Declaración de St. Malo— en la Unión Europea ....*
> *Reconocemos la determinación de la Unión Europea de tener la capacidad de actuar autónomamente de manera que pueda tomar decisiones y aprobar acciones militares donde la Alianza en su conjunto no esté implicada.*

[10] Véase Consejo-Europeo, 1999. *Conclusiones de la Presidencia*, Colonia.

Aplaudimos la determinación de los miembros de la Unión Europea y de otros aliados europeos de dar los pasos necesarios para fortalecer sus capacidades defensivas, especialmente para realizar nuevas misiones, evitando duplicaciones innecesarias."[11]

El nuevo clima político existente en Europa tras la experiencia de la guerra contra Yugoslavia, ha sido eficazmente aprovechado por los países europeos, que han puesto al frente de la Política Exterior y de Seguridad Común al antiguo Secretario General de la OTAN, el español Javier Solana, y en el Consejo Europeo celebrado en Helsinki en diciembre de 1999 aprobaron la creación de un Cuerpo Europeo de Reacción Rápida, que debe estar operativo en el año 2003, compuesto por unos 50.000 o 60.000 hombres con su mando, capacidades de control e inteligencia militar, logística y otros servicios de apoyo, así como elementos aéreos y navales; que debe ser capaz de desplegarse completamente en un máximo de 60 días y de permanecer en el territorio asignado al menos durante un año.

En América latina, a pesar de los cambios ocurridos durante los años ochenta y del esfuerzo realizado en el Cono Sur del continente por algunos países para establecer entre ellos ese círculo virtuoso formado por la coexistencia de democracia, integración y seguridad, la situación del hemisferio dista mucho de parecerse a la kantiana paz perpetua, tal y como se encarga de recordarnos Jorge Domínguez.

A estos conflictos tradicionales hay que sumar la aparición de una serie de amenazas que pueden definirse como internacionales pero no interestatales, ya que sus protagonistas no son los Estados sino las guerrillas, los paramilitares, los narcotraficantes o los miembros del crimen organizado, que pueden llegar a crear conflictos interestatales, como vemos que ha sucedido en 1999 entre Colombia y algunos de sus vecinos por culpa de la guerrilla; o que pueden provocar de la noche a la mañana un fenómeno tristemente conocido en Europa y ya viejo en Centroamérica, como el de los grandes flujos de refugiados.

El interés de los socios en el proceso de integración por contener estos problemas antes de que se conviertan en conflictos militares que amenacen la paz y prosperidad de la región es obvio, como también lo es la falta de experiencia y el exceso de recelos a la hora de abordar la necesaria cooperación en este campo. Tal y como afirma Andrew Hurrell:

[11] Véase OTAN, 1999. *Comunicado de la Cumbre*. Washington.

> *"Los éxitos en el campo de la seguridad cooperativa han sido en su mayoría de un tipo negativo, aunque importantes: relajar las tensiones, reducir las percepciones de amenaza gracias al uso de medidas de confianza y regímenes de control de armamentos, previniendo las recaídas en la desconfianza y la reaparición de los discursos acerca de los equilibrios de poder."*[12]

Pero las experiencias de cooperación entre los ejércitos y los gobiernos de los países del Cono Sur en el campo de la seguridad aún son muy limitadas, algo perfectamente comprensible tanto por la juventud del MERCOSUR, como por el hecho de que la Unión Europea y el MERCOSUR se han desarrollado internacionalmente como "potencias civiles", que basan su influencia sobre otros Estados en los valores que defienden y en los recursos económicos que poseen y no en sus capacidades militares.[13] Y cuando tienen que enfrentarse a conflictos como el de la antigua Yugoslavia, o como los que podrían presentarse en América latina, se sienten impotentes.

El avance en el terreno de la cooperación militar y de seguridad no se hará, probablemente, en base a propuestas intelectuales o discursos políticos bienintencionados, sino por la fuerza de los hechos. Sólo cuando los políticos y militares del continente americano tengan que hacer frente de un día para otro a un conflicto como el que los europeos han sufrido en la antigua Yugoslavia, empezarán todos a darse cuenta de la importancia que tiene la seguridad del hemisferio para el éxito de su proyecto de paz perpetua, y descubrirán las ventajas de extender la cooperación que ya existe en otros ámbitos a esta área.

El amigo americano

Pero no puede concluirse este trabajo sin abordar el papel de Estados Unidos en la seguridad del continente. Ya hemos visto cómo los norteamericanos han buscado la cooperación de los europeos para hacer frente tanto a la guerra en Bosnia como a las operaciones militares contra la nueva Yugoslavia; una necesidad de compañía tanto mayor, cuanto menos operativo sea el Consejo de Seguridad y el resto de los mecanismos establecidos en la Carta

[12] Hurrell, Andrew, 1998. "Security in Latin America". *International Affairs,* 74 (3): 529-546.

[13] Para el concepto de "potencia civil" véase Maull, Hans W., 1990. "Germany and Japan: The New Civilian Power" *Foreign Affairs,* 65 (9).

de Naciones Unidas para hacer frente al mantenimiento de la paz y la seguridad internacionales.

En Europa ha habido que recorrer un largo camino desde el final de la Guerra Fría hasta que los europeos se han dado cuenta de que, desaparecido el peligro soviético, ya no se podía dar por descontada la participación norteamericana en la resolución de los conflictos que se dieran en el continente. "No tenemos ningún perro en esta guerra" se cuenta que dijo el secretario de Estado norteamericano, James Baker, al comienzo de la guerra entre Serbia y Croacia en 1991.[14] Y para que los norteamericanos entendieran que el hecho de que los europeos fueran capaces de hacer frente política y militarmente a este tipo de crisis, era en su propio interés.

En América latina el desequilibrio y la desconfianza existentes entre Estados Unidos y la mayor parte de los Estados del hemisferio son enormes. Pero el fin de la guerra fría ha transformado también profundamente la relación entre Estados Unidos y el resto de los países de América latina, ya que hoy en día todos ellos comparten el entusiasmo por la democracia, la economía de mercado y la solución pacífica de los conflictos internacionales.

Esta comunidad de principios hace más fácil y necesaria la cooperación entre los Estados Unidos y el resto de los países latinoamericanos, y aumenta el interés de Washington por los mecanismos multilaterales de resolución de conflictos, que han demostrado durante la década de los noventa ser más eficaces y menos costosos que las actuaciones unilaterales.[15]

Y aunque aún existe la desconfianza hacia las formas multilaterales de cooperación regional, tanto por parte de Estados Unidos como de los países latinoamericanos, el multilateralismo será, probablemente, la manera más frecuente de enfrentar los problemas en el siglo XXI:

> *"La multilateralización se ha convertido en 'la solución equilibrada' para los problemas que los americanos comparten en el terreno de las finanzas, el comercio, la seguridad internacional, la defensa y promoción de la democracia, la lucha contra la criminalidad internacional e incluso las migraciones."*[16]

[14] Citado en Holbrooke, Richard, 1999. *Para acabar una guerra.* Madrid, Política Exterior/ Biblioteca Nueva. Libro fundamental para entender el impacto de la guerra en Bosnia en las relaciones entre Estados Unidos y Europa.

[15] Para una valoración del multilateralismo en América Latina, véase Domínguez, Jorge I., 1999. *The Future of Inter-American Relations.* Working Paper, Inter-American Dialogue, Washington.

[16] Domínguez, Jorge I., 1999. *The Future of Inter-American Relations.* Working Paper, Inter-American Dialogue, Washington.

Harían, pues, bien los países democráticos en aprovechar tanto este auge del mutilateralismo, como la comunalidad de objetivos existente con el amigo americano, para tomar iniciativas en el campo de la seguridad que se presenten y puedan ser entendidas como un intento latinoamericano por asumir su parte de responsabilidad en la extensión de la paz democrática al resto del hemisferio.

LOS ACUERDOS EUROPEOS. LOGROS Y CARENCIAS. LA OTAN Y LA OSCE

Manuel de la Cámara

La institucionalización de la seguridad en Europa

Las crisis de Bosnia y de Kosovo han elevado al *primer* plano de la atención mundial la cuestión de la seguridad en Europa. En muchas otras regiones del mundo (Sudán, Sierra Leona, Etiopía, Grandes Lagos, Liberia, Cachemira, Timor Oriental, Kurdistán, Angola, Irak, Nagorno Karabagh) existen *conflictos* armados, algunos extraordinariamente cruentos, que tienen terribles repercusiones sobre la población civil. Pero es evidente que el siglo XX se ha caracterizado precisamente por las grandes guerras en Europa. Los conflictos de Bosnia y de Kosovo, con deportaciones masivas y sistemáticas de población, limpieza étnica y horribles masacres, han recordado los peores momentos de la barbarie nazi. Las principales potencias mundiales han intervenido, de una forma o de otra, en la solución de estas crisis.

Para tratar de evitar los conflictos en Europa se han ido creando una serie de instituciones cuya misión es precisamente prevenir los conflictos armados mediante la cooperación en los terrenos político, jurídico, económico y militar y, si estos llegan a producirse, restablecer y mantener la paz.

Entre estas instituciones figuran en forma destacada la OTAN y la OSCE. El objeto de nuestra exposición es dar unas pinceladas sobre el papel que estas dos instituciones juegan en la seguridad europea en el albor del nuevo siglo.

Organización del Tratado del Atlántico Norte (OTAN)

La OTAN nació, como es sabido, en 1949 para hacer frente a la creciente amenaza soviética, aunque sus fines políticos eran más amplios. Lord Ismay los enunció de manera contundente y no muy diplomática con su famosa frase: «*NATO was created to keep the Americans in, the Russians out and the Germans down*».

El papel jugado por la OTAN en la seguridad de Europa en los cincuenta años de existencia ha sido muy importante. La Alianza tuvo gran éxito al mantener la cohesión aliada y el vínculo entre los Estados Unidos y Europa Occidental, a pesar de los constantes intentos soviéticos de debilitarlos (como ocurrió, por ejemplo, durante la crisis de los euromisiles a comienzos de la década de los 80). También logró dar seguridad a Alemania, sentando así las bases para su inserción en las instituciones de integración europeas y la reconciliación con Francia. La OTAN fue uno de los factores que influyó en la desintegración de la Unión Soviética, aunque no fue ni el único ni el más importante de ellos. La pertenencia a la OTAN ha impedido, hasta ahora, que Grecia y Turquía se enzarcen en un conflicto armado, tan devastador como estéril.

Pero el mayor logro de la OTAN fue, y sigue siendo hoy, un hecho no bien conocido: la Alianza constituye un foro de consultas permanente en cuestiones político-militares entre sus miembros. Es, además, el marco para la cooperación, constante y diaria, entre miembros de la Fuerzas Armadas de países muy diferentes por su cultura, tradiciones, sistema político, desarrollo económico y capacidad militar. Esa cooperación permanente se instrumentó principalmente a través de la estructura militar integrada y del sistema de planeamiento de la defensa. Facilita la cohesión y sirve de estímulo para la modernización y mejora de los ejércitos nacionales, fomenta la interoperabilidad y promueve la democratización y el control civil de las Fuerzas Armadas.

Esta extraordinaria labor, silenciosa, de la OTAN ha sido la clave del éxito de las operaciones aliadas en Bosnia y Kosovo, y es uno de los elementos más importantes del nuevo esquema de seguridad que se dibuja en Europa, con la ampliación de la Alianza y la cooperación militar a través de la llamada Asociación para la Paz.

Creo conveniente señalar que la República Argentina, de alguna manera participa ya también en este marco de cooperación, por medio de su presencia en la Unidad Especial Multinacional de la Fuerza de Estabilización en Bosnia y, posiblemente pronto también, en la KFOR en Kosovo.

La Alianza Atlántica renovada

La Alianza Atlántica ha sabido adaptarse a la situación política en Europa tras el fin de la guerra Fría. Las alternativas eran adaptación o disolución, y la Alianza ha hecho lo primero en forma extraordinariamente rápida y eficaz. La adaptación se ha hecho preservando lo esencial, que es la solidaridad entre los aliados y el compromiso con la defensa colectiva, sin centrarse solamente en la actuación «fuera de área», aunque esto último ha servido para dar una nueva dimensión a la Alianza (recogida en la conocida frase del senador norteamericano Richard Lugar *«NATO has to go out of area or out of business»).*

El proceso de adaptación de la OTAN comenzó en la Cumbre de Roma en 1991, en la que se aprobó un nuevo Concepto Estratégico, se acordó proceder a una modificación de las doctrinas de la «defensa avanzada» y de la «respuesta flexible», y se decidió realizar fuertes reducciones en las fuerzas nucleares y convencionales aliadas. Este cambio de imagen facilitó la aceptación por la Unión Soviética de la reunificación de Alemania, que constituyó, no lo olvidemos, la primera ampliación hacia el Este de la Alianza.

Pero la llamada «adaptación interna y externa» de la Alianza ha tenido lugar a partir de 1994, con tres hitos principales en las Cumbres aliadas de Bruselas (enero de 1994), Madrid (julio de 1997) y Washington (abril de 1999), esta última coincidiendo con el 50 aniversario del Tratado de Washington.

A) En el plano externo, los dos aspectos más destacados de la nueva OTAN son la *ampliación de la Alianza y la Asociación para la Paz.* Por medio de ellas, la Alianza ha establecido una nueva relación con los países que anteriormente eran miembros del Pacto de Varsovia y con los países neutrales.

En la Cumbre de Madrid se tomó la decisión de invitar a adherirse a la Alianza a Polonia, la República Checa y Hungría. Su adhesión efectiva ha tenido lugar en marzo de 1999. Pero la Alianza no podía frustrar las aspiraciones de otros países de Europa Central y Oriental que aspiran a incorporarse a la misma en un futuro no muy lejano,[1] ya que ello podría desestabilizarlos. Por ello, en Madrid se formuló el principio de la llamada «puerta abierta». Los aliados reafirmaron el compromiso de continuar acogiendo en el futuro a nuevos miembros que estén en condiciones de defender los principios del Tratado y contribuir a la paz y la seguridad en el área Euroatlántica. Las futuras ampliaciones se realizarán en forma escalonada y teniendo en cuenta la evolución del entorno de seguridad en Europa.

Para facilitar la preparación de los países aspirantes, en la Cumbre de Washington se decidió establecer el llamado «Plan de Acción para la Adhesión», en virtud del cual la OTAN elabora con cada país aspirante un programa anual que cubre aspectos políticos, económicos, de defensa, presupuestarios, de seguridad y legales. Anualmente, se procederá a una revisión de los progresos realizados. En el año 2002, está previsto convocar una nueva Cumbre de la Alianza para revisar el proceso de ampliación.

La Alianza Atlántica renovada pretende jugar un papel fundamental en la seguridad y la estabilidad de Europa. Con dicho fin, en la Cumbre de Bruselas de 1994 se creó la llamada «Asociación para la Paz» (APP). Cuatro años después de su lanzamiento, puede afirmarse que la APP ha tenido un gran éxito. Ofrece a los países de Europa Central y Oriental y de la antigua Unión Soviética la posibilidad de llevar a cabo actividades de cooperación con la OTAN y, a los que aspiren a ser miembros de la Alianza en el futuro, a prepararse mejor para ello. Cada país socio diseña su programa de cooperación individual sobre la base del principio denominado de la «autodiferenciación».

Actualmente, veinticinco países forman parte de la APP. Para profundizar en esa relación entre la Alianza y sus socios, en mayo de 1997 se lanzó la llamada «APP reforzada», con el objeto de facilitar a los socios una mayor participación en la toma de decisiones y en el proceso de planeamiento de la Alianza y dar a la asociación un carácter más operativo. De lo que se trata es de preparar a esos países para que puedan participar en todas las actividades de carácter militar de la Alianza con la sola exclusión de la defensa colectiva. En la Cumbre de Washington se ha dado un paso más al aprobarse el llamado «Marco Político-Militar para Operaciones APP».

Gracias a la APP, hoy día quince países socios participan junto con las fuerzas de la OTAN en la operación de paz en Bosnia-Herzegovina. Un buen número de ellos van a participar también en la operación de paz en Kosovo.

[1] Los países que han solicitado la adhesión a la OTAN son Albania, Bulgaria, Eslovaquia, Estonia, Letonia, Lituania, Macedonia y Rumania.

El 30 de mayo de 1997 se creó en la reunión ministerial de Sintra (Portugal) el llamado «Consejo de Asociación Euroatlántica» (EAPC en sus siglas inglesas). El EAPC, constituye un foro político general para la discusión entre los aliados y sus socios de cuestiones políticas y de seguridad y de la definición de todos los aspectos de la cooperación, no sólo entre la Alianza y sus socios, sino también de éstos entre sí. En el marco del EAPC se han debatido abiertamente cuestiones como Bosnia o Kosovo y se han definido áreas de consulta y cooperación, como operaciones de mantenimiento de la paz, desminado, control de la transferencia de armas de pequeño y mediano calibre y la coordinación de la ayuda humanitaria en situaciones de crisis y de catástrofes naturales.

A impulso principalmente de España e Italia, se ha desarrollado también el llamado «Diálogo Mediterráneo» de la OTAN, al reconocer los aliados la importancia estratégica de esta región para la seguridad en Europa. La OTAN es una gran desconocida entre los países del Norte de África y Medio Oriente, que desconfían de sus propósitos y pueden llegar a percibirla como un nuevo instrumento de dominación por las viejas potencias coloniales. El Diálogo Mediterráneo tiene por objeto lograr un mejor conocimiento mutuo, desarrollar la cooperación (incluso en el campo militar) y, de esa forma, restablecer la confianza. Actualmente, participan en este diálogo seis países del Norte de África y Medio Oriente (Egipto, Israel, Jordania, Marruecos, Mauritania y Túnez).

Sin duda, el elemento más difícil de abordar por la Alianza Atlántica renovada ha sido la *relación con Rusia*. Potencia humillada, Rusia esperaba que a la disolución del Pacto de Varsovia siguiera, en justo paralelismo, la disolución de la OTAN. No sólo no ha ocurrido esto, sino que la Alianza ha ampliado desde entonces su número de miembros y el ámbito de sus funciones. Muchos en Rusia han visto las acciones de los aliados —intervenciones en Bosnia y en Kosovo, ampliación, inicio por EE.UU. de un programa de defensa contra misiles— como parte de una política muy bien planificada para dejarla aislada e impedir su recuperación como gran potencia. La reacción ha sido bastante violenta, especialmente en algunos medios de comunicación y en la DUMA, que ha bloqueado hasta la fecha la ratificación del Tratado START II.

Por la parte aliada, se ha tratado de reducir esa irritación ofreciendo a Rusia una estrecha colaboración con la OTAN. Ante la negativa rusa de establecer un programa de cooperación vía APP, se negoció y firmó en mayo de 1997 el *Acta Fundacional sobre Relaciones Mutuas, Cooperación y Seguridad*. Se trata de un compromiso de carácter político, asumido al más alto nivel, por el que los aliados conceden a Rusia la posibilidad de consultar, cooperar e, incluso, de llevar a cabo acciones comunes, pero sin darle derecho de veto o «droit de regard» sobre las acciones aliadas. Desde la firma del Acta Fundacional se ha ido desarrollando un buen método de consulta y cooperación en el foro denominado «Consejo Conjunto Permanente» (CCP), pero no se ha superado la desconfianza.

La propia Acta trataba de responder a los temores manifestados por Rusia con respecto a la ampliación de la OTAN, al recoger la llamada «doctrina de los 3 Noes» *(«La Alianza no tiene intención, proyecto o razón para desplegar armas nucleares en el territorio de los nuevos miembros»).* En ella se reconocía la importancia de la adaptación del Tratado sobre Fuerzas Convencionales en Europa y se mencionaba la Declaración aliada del 14 de marzo de 1997. *(«En el actual contexto de seguridad, la Alianza cumplirá su función de defensa colectiva y sus otras misiones velando por asegurar la interoperabilidad, la integración y la capacidad de refuerzo necesarias, más que mediante un estacionamiento permanente suplementario de fuerzas de combate»).* La Alianza no hacía, sin embargo, concesiones sobre el principio mismo de su ampliación.

Aunque la cooperación entre la OTAN y Rusia ha avanzado en algunas áreas, como el planeamiento civil de emergencia y la reconversión de las industrias de defensa, sigue existiendo una ausencia total de entendimiento en las cuestiones más sensibles, como las operaciones de mantenimiento de la paz (Rusia insiste en la necesidad de mandato del Consejo de Seguridad de la ONU, cuestión que no desean discutir los aliados), la doctrina nuclear y la creación de «infraestructuras» OTAN en el territorio de los tres nuevos miembros.

El comienzo de la operación «Fuerza Aliada» contra la RFY, el 24 de marzo de 1999, fue la gota que colmó el vaso, y Rusia decidió retirar su Embajador y su Representante Militar ante la OTAN, suspendiendo todas las actividades en el marco del CCP. Esta operación de castigo contra un tradicional aliado ha debido ser para Rusia especialmente amarga, como también lo ha sido el que antiguos aliados suyos, hoy miembros de la OTAN o aspirantes a serlo (Hungría, Bulgaria y Rumania), se hayan permitido negar el permiso de sobrevuelo para sus tropas con destino a Kosovo.

El 18 de junio de 1999, se ha logrado, tras duras discusiones y una acción por sorpresa de los rusos sobre el aeropuerto de Prístina, un acuerdo para la participación de fuerzas rusas en la operación de paz en Kosovo, integradas en la KFOR. Esperemos que este acuerdo permita reanudar el diálogo y la cooperación interrumpidos en los últimos meses.

La OTAN ha querido también dar un especial carácter a sus *relaciones con Ucrania* y, por ello, se firmó en julio de 1997 en Madrid la Carta sobre una Asociación Distinta con ese país. Se creó un foro de consultas y cooperación —la Comisión OTAN-Ucrania— y la Alianza declaró su apoyo a la soberanía, integridad territorial y desarrollo democrático de Ucrania, así como a su estatuto de Estado no dotado de armas nucleares. A pesar de sus esfuerzos, Ucrania no ha logrado hasta ahora obtener garantías formales de la OTAN de defensa de su integridad territorial e independencia.

B) En el plano interno, la transformación de la Alianza ha sido tal vez menos espectacular, pero también enorme. En primer lugar, el «aggiornamento» se ha centrado en la ampliación de las misiones que asume. No se trata ya sólo de garantizar la defensa colectiva de sus miembros —cuestión que sin duda sigue siendo muy importante para algunos de ellos como Turquía, Noruega, o los tres nuevos aliados— sino de asumir otras nuevas misiones porque así lo requiere el nuevo entorno de seguridad existente. Entre estas nuevas misiones se destacan las operaciones de paz y de respuesta a la crisis, la expansión de estabilidad (por medio de la asociación, la cooperación y el diálogo, a los que nos hemos referido más arriba), la acción contra la proliferación de armas de destrucción masiva y el desarrollo de la llamada Identidad Europea de Seguridad y de Defensa (IESD) dentro de la Alianza. Vamos a hacer referencia aquí solamente a la gestión de crisis (las llamadas «operaciones no-Artículo 5») y al desarrollo de la IESD.

Bosnia y Kosovo han demostrado que la OTAN está dispuesta a ocuparse de *responder a determinadas crisis* que pueden producirse en el entorno geográfico próximo a su área de responsabilidad. La Alianza considera que no puede inhibirse de lo que ocurra en su entorno, porque ello podría tener graves consecuencias sobre su seguridad. Es evidente que los conflictos de Bosnia y de Kosovo, aparte de la violación masiva de los derechos humanos que hacía inaceptable su continuación, afectaban directamente a la seguridad de los países aliados, por los riesgos de extensión de esos conflictos y la posibilidad de salida masiva de refugiados, cuyo destino final no hubiera sido otro que los países de Europa Occidental.

Esta cuestión ha suscitado gran polémica. La OTAN ha intervenido militarmente en el conflicto de Kosovo sin una autorización del Consejo de Seguridad, lo que sin duda plantea serios interrogantes jurídicos. Muchos temen que la OTAN se convierta en un policía mundial y se arrogue el derecho de intervenir donde quiera y cuando quiera. Si esta es la interpretación de algunos aliados, desde luego no es la que tiene España.

Kosovo ha sido una operación excepcional, que no puede constituir de ningún modo un precedente. Pero es evidente que, tras Kosovo, los tiranos, los genocidas, se lo pensarán dos veces antes de masacrar y torturar a sus propios ciudadanos. La Alianza debe ser respetuosa con el derecho internacional. Pero éste, como todas las cosas de este mundo, no puede permanecer estático e inmutable. Es evidente que la situación internacional de fin de siglo no es igual que la existente en 1945, cuando se convocó la Conferencia de San Francisco. Siguen existiendo los conflictos interestatales, con la agresión armada de un Estado contra otro, pero cada vez con más frecuencia se producen conflictos intraestatales, causados por rivalidades políticas, étnicas, religiosas o territoriales, en los que intervienen ejércitos regulares, milicias y civiles armados. En estos conflictos, los frentes de combate no están claramente definidos, lo que convierte a las poblaciones civiles en las principales víctimas y aumenta las emergencias de carácter humanitario. Se plantea así la posibilidad de que sea necesario recurrir al uso de la fuerza para imponer o mantener la paz, lo que se relaciona con el llamado «derecho de injerencia» y de intervención por razones humanitarias.

En la Cumbre de la Alianza celebrada en Washington se ha aprobado el Nuevo *Concepto Estratégico*, documento que recoge los principales elementos de la doctrina político-militar aliada. La negociación de este documento ha sido dura y difícil. Estados Unidos, que padeció la soledad de la guerra de Vietnam y no se caracteriza por su simpatía hacia la ONU, era partidario de que el Concepto Estratégico recogiera la posibilidad de intervención, incluso sin mandato del Consejo de Seguridad (aunque indicaba que era preferible contar con él), siempre que los intereses de los aliados se encontraran amenazados. Los demás aliados, con diversos matices, eran en general partidarios de buscar formulaciones no excesivamente rígidas que, respetando la legalidad internacional, dejaron a la OTAN un margen de actuación en situaciones excepcionales y específicas.

La solución que finalmente se ha adoptado reafirma los principios pero mantiene la flexibilidad. Al enunciar las tareas fundamentales de la Alianza, se indica que las naciones aliadas «*están comprometidas con el Tratado de Washington y con la Carta de las Naciones Unidas*». La Alianza se declara dispuesta a llevar a cabo operaciones de respuesta a crisis, caso por caso y por consenso, de *conformidad con el Artículo 7 del Tratado de Washington.*[2] Por otro lado, el documento reafirma la disposición de la Alianza a apoyar,

[2] Este artículo señala que sus disposiciones no afectan a los derechos y obligaciones que se derivan de la Carta ni a la responsabilidad primordial del Consejo de Seguridad en el mantenimiento de la paz y la seguridad internacionales.

caso por caso y de acuerdo con sus propios procedimientos, operaciones de mantenimiento de la paz bajo la autoridad del Consejo de Seguridad de la ONU o la responsabilidad de la OSCE. En una concesión a la ambigüedad, se añade que «*en este contexto la OTAN recuerda las decisiones posteriores a la Cumbre de Bruselas de 1994 con respecto a operaciones de respuesta a crisis en los Balcanes*». La operación de la OTAN en Bosnia se realiza bajo mandato del Consejo de Seguridad, pero no ha sido así en el caso de la operación «Allied Force» en Kosovo.

Con respecto a la limitación geográfica y funcional, el Concepto Estratégico se refiere al mantenimiento de la estabilidad «*en el área Euro-Atlántica*». Aunque ésta no se define, no cabe duda que constituye una limitación, lo cual no debe ser óbice para que los aliados puedan consultar, de acuerdo con el Artículo 4 del Tratado de Washington, sobre cualquier cuestión que afecte a los intereses vitales de su seguridad, aunque tenga lugar fuera del espacio Euroatlántico y aunque verse sobre riesgos (terrorismo, sabotaje informático, crimen organizado, movimientos incontrolados de población) que se salgan del ámbito estrictamente militar.

Para finalizar la exposición sobre la nueva OTAN como pieza esencial del entramado institucional de seguridad en Europa, debemos referirnos al *desarrollo de la llamada Identidad Europea de Seguridad y de Defensa (IESD).* Uno de los puntos más conflictivos entre los aliados europeos y norteamericanos es la cuestión del «reparto de cargas» («burdensharing») entre ellos. A lo largo de cincuenta años, los europeos se han acostumbrado a «subcontratar» su propia defensa con los Estados Unidos, cediendo a éstos el liderazgo militar y político. Los norteamericanos se prestaron gustosos a ello pues, entre otras cosas, reportaba buenos beneficios a sus industrias de defensa[3]: la relación ventas/compras de material de defensa entre europeos y estadounidenses continúa, aún hoy, siendo de entre 5 y 7 a 1, a favor de los segundos. El desfase tecnológico entre unos y otros es creciente, como ha podido verse en la guerra de Kosovo, en la que más de dos tercios de las acciones aéreas y todas las realizadas con misiles desde puntos fijos han sido efectuadas por los americanos. Los europeos disponen de fuerzas para desplegar en operaciones de respuesta a crisis, pero carecen de medios de transporte a larga distancia (aviones, principalmente) y de instrumentos suficientes para obtener información (inteligencia) y para las operaciones de mando y control informatizado.

[3] Estados Unidos ha pasado del 24% al 56% de las exportaciones mundiales de armamento en los últimos 15 años.

El problema es urgente, y por ello se ha comenzado a abordar mediante una doble acción:

a) por un lado, mediante el desarrollo del concepto de *capacidades separables pero no separadas*, es decir, mediante la identificación de activos, capacidades, mecanismos de planeamiento y estructuras de mando en la OTAN que podrían ser puestos a disposición de los aliados europeos cuando lleven a cabo operaciones de respuesta a crisis o misiones de paz sin la participación de los Estados Unidos. Esto se complementa con el desarrollo del concepto de Fuerzas Operativas Combinadas y Conjuntas (CJTF, en sus siglas inglesas), que consiste en la creación de Cuarteles Generales móviles y autosuficientes, susceptibles de ser desplegados en muy breve tiempo en el teatro de operaciones.

b) por otro lado, mediante el *desarrollo de una política europea de seguridad y de defensa*, en el marco de la Unión Europea, como instrumento de la Política Exterior y de Seguridad Común (PESC). El hito más importante a este respecto acaba de tener lugar en el Consejo Europeo celebrado en Colonia los días 4 y 5 de junio de 1999. En él, los Jefes de Estado o de Gobierno de la Unión Europea han acordado fortalecer la PESC mediante el nombramiento de un Alto Representante para la Política Exterior y de Seguridad Común (el actual Secretario General de la OTAN, Javier Solana), el establecimiento de los mecanismos de decisión adecuados y el desarrollo de capacidades militares europeas autónomas. De esta forma, la Unión podrá estar en condiciones de responder a crisis por medio de las llamadas «Misiones Petersberg» (misiones humanitarias y de rescate, de mantenimiento de la paz y misiones de restablecimiento de la paz).

Se ha decidido impulsar la reestructuración de la industria europea de defensa mediante la colaboración multinacional y dotar a la Unión de fuerzas militares europeas más efectivas sobre la base de las capacidades existentes nacionales, binacionales o multinacionales. Se reforzarán especialmente las capacidades en las áreas de inteligencia, transporte estratégico y mando y control. El Eurocuerpo será transformado en una fuerza de reacción rápida.

A finales del año 2000, se adoptarán nuevas decisiones y, probablemente, se acordará la absorción por la Unión Europea de la Unión Europea Occidental.

II) La Organización para la Seguridad y la Cooperación en Europa (OSCE)

La OSCE es la heredera de la Conferencia de Seguridad y Cooperación en Europa, que fue el principal foro de diálogo Este-Oeste durante la Guerra Fría. Dicho diálogo se plasmó en el Acta Final de Helsinki de 1975, que recogió principios estabilizadores como la inviolabilidad de fronteras, la integridad territorial, la igualdad soberana de los Estados y la no-intervención en los asuntos internos, en los que el bloque del Este tenía interés primordial. El Acta recogió también principios defendidos por los occidentales como el respeto de los derechos humanos y las libertades fundamentales, así como el derecho de cada país a ser o no parte en tratados bilaterales o multilaterales, incluso los tratados de Alianza.

Para la Unión Soviética primero, y para Rusia después, su principal objetivo ha sido configurar una organización regional de seguridad fuerte, que sirva de contrapunto a la OTAN. La OSCE cuenta con 55 países miembros y, entre sus funciones principales, figura la de servir de foro paneuropeo de diálogo sobre la seguridad en Europa, la prevención de conflictos, la gestión de crisis y constituir un foro para el control de armamentos.

En los últimos años, Rusia ha perseguido el fortalecimiento de la OSCE como organismo regional, derivado del Capítulo VIII de la Carta de las Naciones Unidas. Frente al criterio de Estados Unidos y de algunos socios de la Unión Europea, Rusia quiere dar carta de naturaleza jurídica a la Organización, sobre la base de un posible tratado constituyente entre los Estados participantes. También lucha por un refuerzo de la OSCE (Secretariado, creación de un Mando Único operativo, mayor estructura de sus órganos e instituciones, etc.). Esta posición «institucionalista» se enfrenta con otra «pragmática», que rechaza todo elemento que reste flexibilidad a la OSCE.

La OSCE, el control de armamentos y las medidas generadoras de confianza

En el ámbito del control de armamentos, se destaca el *Tratado sobre Fuerzas Convencionales en Europa* (Tratado FACE). Negociado durante la guerra Fría, estaba destinado a reducir los desequilibrios en armamento convencional y a eliminar las concentraciones desestabilizadoras de tropas y la posibilidad de ataques por sorpresa. En orden a su cumplimiento, establece limitaciones en una serie de equipos (ELTs, o Equipos Limitados por el Tratado)[4], obliga a unos intercambios de información y establece unos mecanismos de verificación muy serios.

La disolución del Pacto de Varsovia, la ampliación de la OTAN y las medidas de cooperación entre la Alianza y los Estados europeos no miembros han conducido a la necesaria adaptación del Tratado, negociación que está teniendo lugar en la actualidad. La adaptación afecta tanto a su estructura (treinta Estados Parte ahora, frente a dos Grupos de Estados entonces) como a su sistema. El proceso de adaptación se inició en la Cumbre de la OSCE celebrada en Lisboa en diciembre de 1996 y debe culminarse en la Cumbre que se celebrará en Estambul en noviembre de 1999. El 31 de marzo de 1999 se alcanzó un acuerdo provisional sobre la adaptación.

Este acuerdo provisional recoge la estructura fundamental del futuro tratado adaptado. Se abandonan las premisas del actual Tratado basado en el enfrentamiento entre dos alianzas militares en Europa, y se establecen como base los conceptos de *Techo Nacional* (cantidad de ELTs pertenecientes a cada país) y de *Techo Territorial* (cantidad de ELTs que pueden situarse en cada país). Se acompañan otros mecanismos de flexibilidad *—Despliegues Temporales—* que permiten superar los límites territoriales y, en circunstancias excepcionales, admiten importantes acumulaciones de equipos para responder a situaciones de crisis. Además, se establecen disposiciones para permitir el desarrollo de operaciones de paz con mandato de Naciones Unidas o de la OSCE. Otro elemento en el proceso de adaptación es la actualización del *Régimen de los Flancos*, normas específicas de restricción establecidas para evitar la excesiva acumulación de fuerzas en algunas regiones de la Federación Rusa (antiguo distrito de Leningrado y Cáucaso Norte) y en una serie de países: Turquía, Grecia, Rumania, Bulgaria, Ucrania y los Estados del Cáucaso.

Además del FACE, en el seno de la OSCE (Foro de Cooperación en Materia de Seguridad) se han aprobado una serie de documentos que establecen medidas de fomento de la confianza *(«Medidas para el Fomento de la Confianza y la Seguridad en Europa» -MFCS)*. Entre estas medidas figura el llamado *Tratado de Cielos Abiertos*, de 1992, que prevé la verificación desde el aire de los acuerdos de armamento. Este Tratado no ha entrado aún en vigor por estar pendiente de las ratificaciones de Rusia y Bielorrusia. El

[4] Los ELTS están constituidos por carros de combate, vehículos acorazados de combate, piezas de artillería, aviones y helicópteros de ataque.

Documento de Viena (DV94) sobre Medidas Destinadas a Fomentar la Confianza y la Seguridad, contempla obligaciones de verificación que son políticamente vinculantes; su ámbito de aplicación es toda Europa (desde el Atlántico a los Urales) así como la zona marítima y el espacio aéreo contiguo. La eficacia de este Documento se ha puesto de relieve con ocasión de las solicitudes hechas por Rusia de realizar inspecciones de las fuerzas de la OTAN estacionadas en Macedonia y Albania durante el conflicto de Kosovo, que ha suscitado fuertes críticas por parte rusa alegando que no pudo llevar a cabo adecuadamente estas inspecciones.

Otros instrumentos negociados en el seno de la OSCE para fomentar la confianza y la seguridad son el *Programa de Contactos y Cooperación Militar*, el *Intercambio Global de Información Militar*, las *Medidas Estabilizadoras para Situaciones de Crisis localizadas*, los *Principios Reguladores de Transferencias de Armas Convencionales*, los *Principios que Deben Regir la No-proliferación*, y el *Código de Conducta sobre los Aspectos Político-Militares de la Seguridad*. Están también en marcha las negociaciones previstas en el *Artículo V del Anexo IB de los Acuerdos de Dayton*, para crear un marco de control de armamentos «en y alrededor de la antigua Yugoslavia».

La Carta de Seguridad Europea

Ante los cambios experimentados en la seguridad europea tras el fin de la Guerra Fría, en la Cumbre de Budapest se decidió promover la elaboración de un *«Modelo Común y Omnicomprensivo de Seguridad para Europa en el Siglo XXI»*. Con posterioridad, en la Cumbre de Lisboa de 1996 se decidió dar un paso más, recogiéndose la posibilidad de formular una *Carta de Seguridad Europea*.

Desde el verano de 1997, los trabajos se han centrado en la elaboración de esta Carta. En el Consejo Ministerial de Copenhague (diciembre de 1997), se adoptó la decisión de elaborar un *Documento-Carta de Seguridad Europea* que deberá ser aprobado en la próxima Cumbre de la OSCE en Estambul. Se tratará de un documento políticamente vinculante.

Entre las materias que integrarán la Carta, según las propuestas presentadas por los países, figuran las siguientes: *Plataforma de Seguridad Cooperativa*, que se refiere a las relaciones entre las distintas organizaciones internacionales competentes en el ámbito de la seguridad (se utilizará el principio de «instituciones que se refuerzan mutuamente», pero sobre una base nojerárquica); *Asistencia para el cumplimiento de los compromisos OSCE*, que hace referencia a la posibilidad de emprender acciones contra el Estado o Estados que se aparten de los principios o normas acuñados por la Organización; *Fortalecimiento de la OSCE*, mediante la creación de un Grupo de Trabajo que revise las reglas y procedimientos de la Organización; *Alerta temprana, gestión de crisis y rehabilitación postconflicto*, cuestión esta en la que se enfrentan Rusia y los aliados de la OTAN, que discrepan sobre el papel a dar al Secretariado y la cuestión del mandato en las operaciones de paz; *Otras Cuestiones*, (capítulo político-militar, dimensión humana, económica y subregional, nuevos riesgos para la seguridad —terrorismo— y cooperación con áreas adyacentes —Socios Mediterráneos, Corea y Japón—).

La posición de España en esta negociación es favorable a que la OSCE adquiera mayor peso en la nueva estructura de seguridad europea. En este sentido, somos partidarios de que la Unión Europea como tal pueda hacer oír su voz y no sólo aquellos miembros que pertenecen al «Directorio», es decir, el mal llamado «Grupo de Contacto». No vamos, sin embargo, tan lejos como Rusia, que propugna una arquitectura de seguridad europea de carácter piramidal y rígido que le permita ejercer, en tanto que miembro permanente del Consejo de Seguridad de las Naciones Unidas, una posición privilegiada. Su juicio sobre el papel de la OSCE en el conflicto de Kosovo le ha llevado a una posición maximalista y obstaculizadora de la negociación. Estados Unidos es partidario de un documento breve, meramente político y declarativo, que refleje de hecho el papel secundario que en su visión debe corresponder a la OSCE.

Como *Conclusión*, podemos decir que la nueva estructura de seguridad en Europa está basada en la acción de una serie de instituciones —OTAN y OSCE, pero también la Unión Europea y el Consejo de Europa, además de las Naciones Unidas— cuya acción no puede contemplarse de forma aislada. Cada una de ellas juega un importante papel, y tal vez lo más curioso es la ausencia de mecanismos formales de relación entre ellas. La relación tiene lugar de manera informal sobre el terreno cuando todas ellas participan en la gestión de una crisis o en la rehabilitación post-conflicto, como ocurre en Bosnia y va a ocurrir en Kosovo.

Bien es verdad que, además de esas instituciones, hay una serie de países, grandes potencias, que pretenden jugar un papel especial a la hora de decidir los aspectos fundamentales de la seguridad en Europa (léase Grupo de Contacto/G-8, pero también las discusiones bilaterales entre Estados Unidos y Rusia). No hay duda de que ello da a las relaciones internacionales un carácter no democrático, que desde luego no es un elemento novedoso, sino más bien recurrente a lo largo de la historia.

A pesar de lo que algunos puedan opinar, la OTAN seguirá siendo una organización de carácter regional, sin perjuicio de que sirva de foro de consultas entre los aliados para cuestiones de seguridad que rebasen el ámbito geográfico europeo. El extraordinario y prolongado esfuerzo militar y económico que exigirán las operaciones en Bosnia y Kosovo constituye una poderosa razón para que los aliados se resistan a cualquier tentación de embarcarse en acciones militares en otras áreas geográficas.

Por lo que respecta a la relación Estados Unidos-Europa, la guerra de Kosovo ha puesto de manifiesto la extraordinaria diferencia de poder militar y político. Ha sido una llamada de atención sobre la necesidad de que Europa se dote de mecanismos de decisión y de una cierta capacidad militar de que hoy día carece para hacer frente a crisis en las que debe actuar por sí sola, sin la tutela de sus aliados americanos. Resulta claramente peligroso estar siempre en manos de los Estados Unidos para resolver cualquier problema que requiera acción militar, no sólo por la dependencia que ello conlleva sino porque la opinión pública y el Congreso norteamericanos se muestran cada vez más renuentes a asumir riesgos de carácter militar en aquellos conflictos en los que Estados Unidos no tenga intereses vitales y, además, dicha opinión pública tolera mal las bajas entre sus propios soldados.

Las decisiones del Consejo Europeo de Colonia pueden ser el inicio de un proceso de creación de una política europea de defensa, que sin duda será largo, tortuoso y difícil.

ESTRATEGIAS DE SEGURIDAD Y ESTRATEGIAS DE INTEGRACIÓN EN EL CONO SUR DE AMÉRICA

Virgilio R. Beltrán

Introducción

Este trabajo se propone contribuir al análisis crítico de los supuestos y líneas de pensamiento, en función de los cuales hemos participado en la búsqueda de políticas de seguridad y defensa en el contexto geopolítico regional.

En esta tarea hemos manejado, con bastante frecuencia, variables localizadas conceptualmente en: 1) aquellas tendencias estratégicas de la Post Guerra Fría, 2) las que se relacionan con la globalización y la presencia hegemónica de la superpotencia sobreviviente de dicho conflicto, 3) las propias de las estructuras socio-políticas de nuestra área regional, constituida por sociedades que se mueven a distintas "velocidades", y, 4) las vinculadas a la incidencia de un mercado integrativo, el Mercosur, que aparecería trazando las coordenadas de algunas de las políticas de la región, entre ellas, las de seguridad y defensa.

La complejidad e indeterminación causal de estos fenómenos hacen más difícil, no sólo la predictibilidad, sino el mismo análisis factual de la información disponible.[1]

Por otra parte, los temas estratégicos en nuestro país se hallan encapsulados en foros reducidos, sin tener relevancia notable en las grandes discusiones públicas, con lo que se pierde la influencia correctiva de los ámbitos de opinión más amplios. Las políticas vinculadas: 1) frecuentemente han dependido estrechamente de la política exterior de los países, y 2) han guardado relación, por una parte, con la capacidad institucional de las Fuerzas Armadas para incidir en la formulación de las políticas públicas atinentes y, por la otra, derivan de la atención de los actores políticos, focalizada en el manejo de la relación civil-militar más que en la conducción político-estratégica de la Defensa que, como se sabe, forma parte de los deberes esenciales de todo Estado moderno.[2] Dicho esto, intentaremos hacer el análisis de los conjuntos de variables antedicho, con los hechos a nuestra disposición y la literatura reciente que conocemos sobre el particular.

En cuanto al futuro inmediato de nuestro país, el cambio de autoridades políticas no parece, en principio, indicar virajes espectaculares en las políticas públicas.[3]

[1] "The interdependent world looks more and more like the weather system described by chaos theory; influenced by millions of variables, its causality does not follow a linear model and consecuences are not proporcionate to causes. Thus it is a futile excercise to pretend to isolate key determinants. The meteorologist does build global models; his aim is only to identify sequences of events, rather than uncover a unifying rationality of the system. The strategist of tomorrow may well look more a meteorologist." Guehenno, J. M., "The Impact of Globalization on Strategy", *Survival*, Vol. 40, Nº 4, Invierno, 1998/9.

[2] Ver Escudé, C.; Fontana, A., "Divergencias Estratégicas en el Cono Sur: las políticas de seguridad de la Argentina frente a las de Brasil y Chile", UTDT, Doc. de Trabajo Nº 20, Julio, 1995. Norden, D., "Military Rebellion in Argentina: Between Coups and Consolidation", Univ. of Nebraska Press, Lincoln & London, 1996. Gamba, V., "Alternativas para el logro de una seguridad colectiva en Sudamérica", *SER en el 2000*, Nº 2, Sept., 1992. Gamba, V., "Misiones y Estrategia: El ejemplo argentino", incluido en Goodman, L., Mendelson, J. y Rial, J., *Los militares y la democracia*, PEITHO, Montevideo, 1992, pp. 235/247. Sain, M.F., "Seguridad regional, defensa nacional y relaciones cívico-militares en la Argentina", ponencia en el Seminario Univ. Nac. de Quilmes, 23/06/99. CARI, "La opinión pública argentina sobre política exterior y defensa", Buenos Aires, 1998.

[3] En momentos de redactar este trabajo (julio/agosto, 1999), los partidos políticos con posibilidades de acceder al poder luego de las próximas elecciones declaran "urbi et orbi" que continuarán, en lo esencial, los lineamientos macroeconómicos del presente gobierno, tratarán sí de corregir las consecuencias negativas pero consolidando la estabilidad. Las políticas de defensa y seguridad, o han sido consensuadas y consideradas "de Estado", o no forman parte de los discursos proselitistas.

El escenario de la Post Guerra Fría

Una identificación, aunque transitoria, de las tendencias que configuran el paradigma estratégico global de fin de siglo, podría tener los siguientes rasgos principales:

Reducción de los medios militares

En la década que comienza en 1989, los presupuestos militares de casi todos los países del mundo se han ido reduciendo. La disminución del gasto militar afectó los rubros de personal, equipo, e investigación y desarrollo. La excepción la constituyen algunos países del SE asiático que han aumentado sus gastos militares frente al crecimiento de la influencia de China.[4]

En general, las posibilidades de grandes guerras, con movilización total de los recursos humanos e industriales, con el compromiso de toda la sociedad y de consecuencias estructurales importantes para las naciones involucradas, parecen cada vez más remotas.[5]

Esta pérdida de relevancia del gasto militar tiene que ver también con variantes en los distintos casos nacionales, con el peso político asignado a las instituciones de la Defensa —las Fuerzas Armadas en particular[6]— y con el cambio en la naturaleza de las amenazas percibidas y en la orientación y justificación del empleo de la fuerza militar.

[4] Albrecht, U.; Kaldor, M. y Schmeder, G., "Introduction"; Schmeder G., "Global Trends in Military Efforts and Activities", en Kaldor, M.; Albrecht, U. y Schmeder, G., (eds.), "Restructuring the Military Sector: The End of Military Fordism", Pinter, Londres, 1998. Ver la secuencia de las publicaciones del IISS *Military Balance* y *Strategic Survey* en ese lapso.

[5] Mandelbaum, M., "Is Major War Obsolete", *Survival*, Vol. 40, Nº 4, Invierno, 1998/9. Burk, J., "The Adaptive Military: Armed Forces in a Turbulent World". Transaction Publ., New Brunswick, Londres, 1998. Freeman, L. F., "The Revolution in Strategic Affairs", *Adelphi Papers*, Nº 318.

[6] Builder, C.," The Masks of War", *American Military Styles in Strategy and Analysis*, The John Hopkins Univ. Press, Baltimore & London, 1989. Mitchel, P. T., "Ideas, Interests and Strategy, Bureaucratic Politics and the US Navy", *Armed Forces and Society*, Vol. 25, Nº 2, Invierno, 1999.

El uso de la fuerza militar

A la vez que la guerra convencional aparece menos probable entre los países industrializados (el centro), se mantiene como posibilidad real para tratar conflictos entre los países centrales y los no industrializados (periferia), y entre estos últimos entre sí. En el primer supuesto —centrales con periféricos— se trata de intervenciones de tipo "disciplinario", frecuentemente a través de la "comunidad internacional" y limitadas en tiempo y objetivos. En el segundo supuesto —entre unidades nacionales en vía de desarrollo— están limitadas por las capacidades económicas, tecnológicas y logísticas de las partes. En algún caso, la capacidad de combate se sostuvo, con un alto sacrificio humano, mediante la compra de material militar con recursos provenientes de una fuente específica (petróleo) y con escasos resultados prácticos. Tal el caso de la guerra Irán-Irak.[7]

Si bien las guerras internacionales son menos frecuentes, no lo es el uso de la fuerza militar. Como dijo la Secretaria de Estado de los EE.UU., Madeleine Albright: "Estamos hablando del uso de la fuerza militar, no estamos hablando de guerra."[8]

Los hechos que explican estos desarrollos pueden reunirse en cuatro grupos: 1) las democracias industriales no se hacen la guerra entre sí, como lo indica la experiencia histórica, 2) un conflicto entre ellas causaría, por el uso de armas modernas, perjuicios y destrucción intolerables y desproporcionados a las posibles ganancias de un conflicto, 3) se han desarrollado instituciones mediadoras y amortiguadoras que evitan o reducen el conflicto militar, y 4) la influencia, liderazgo y poder de los EE.UU., si es que ellos están afectados por el conflicto.[9]

[7] Fteedman, L. F., "The Changing Forms of Military Conflict", *Survival*, Vol. 40, N° 4, Invierno, 1998/9. Thomson, W., "The Future of Transitional Warfare", en Burk, J., (ed.), *Op. cit.*

[8] Bacevich, A. J., "Policing Utopia", *The National Interest*, N° 56, Verano, 1999, p. 7. Record, J. dice: "The World now seems to be entering a strategic environment in which the predominant forms of conflict will more closely resemble the european limited wars of the 18th Century and British imperial policing operations of the 19th rather than the 20th Century's titanic clashes of fully mobilized nation states", "The Creeping Irrelevance of US Force Planning", *Army War College*, SSI, Carlisle Barracks, 1998.

[9] Art, R. J., "Geopolitics Updated: The Strategy of Selective Engagement", *International Security*, Vol. 23, N° 3, Invierno, 1998/9. Ikenberry, J., "Institutions, Strategic Restraint and the Persistence of American Postwar Order", *International Security*, Vol. 23, N° 3, Invierno, 1998/9. Katzenstein, P. J., "Conclusion", incluido en Katzenstein, P. J. (ed.), *The Culture of National Security*, Columbia Univ. Press, Nueva York, 1996. Kupchan, C. A., "After Pax Americana", *International Security*, Vol. 23, N° 2, Otoño, 1998.

Las confrontaciones más frecuentes tienen lugar en lo interno de los Estados, mientras que las interrelaciones entre la faz interna y la internacional se hacen cada vez más difusas. Los valores e intereses protegidos frente a amenazas multifacéticas son la estabilidad y la predictibilidad, conceptos claramente vinculados con el mantenimiento del "statu quo".

Estratificación del mundo

En un mundo interconectado, en el cual todas las unidades tienen conocimiento de la existencia de las demás, se han establecido estratos de poder y de recursos que definen múltiples vínculos de desigualdad de hecho, que tratan de ser amortiguados por espacios de juridicidad e instituciones de mediación. Las operaciones militares regulares o militarizadas (de paz), se legitiman por organizaciones internacionales. En muchos casos, tienen las características, "mutatis mutandi", de aquellas que M. Janowitz describió hace casi cuarenta años.[10]

Citando nuevamente a M. Albright, ella ha considerado que en el presente hay "...four categories of countries: full members of the international system; those in transition, seeking to participate more fully; those too weak, poor o mired in conflict to participate in a meaningful way; those that reject the very rules and precepts upon which the system is based."[11]

De esta manera, la palabra "globalización" ha venido a ser el equivalente funcional de la expresión "mundo libre" durante los 50 y los 60.[12]

Para Singer, M. y Wildavsky, A.[13], estas categorías dan lugar a clasificar las regiones del mundo: 1) con democracia, industrialización, alto ingreso y paz, y, 2) no democráticas (o en transición hacia), en desarrollo, con bajo ingreso y en turbulencia interna o internacional.

Otra imagen, de tipo geométrico, presenta la relación/oposición, en

[10] "The Military Establishment becomes a constabulary force when it is continuosly prepared to act, commited to the minimum use of force, and seeks viable international relations rather than victory, because it has incorporated a protective military posture. The constabulary outlook is grounded in, and extends, pragmatic doctrine.", "The Professional Soldier", Free Press, Glencoe, 1960, Cap. VIII, *Towards the Constabulary Concept*, pp. 417/442.

[11] Albright, M, "The Testing of American Foreing Policy", *Foreing Affairs*, Nov/Dic, 1998. Ver también Metz, S., "Wich Army After Next?: The Stratgic Implications of Alternative Futures", *Parameters*, Vol. 27, Nº 3, Otoño, 1997.

[12] Bacevich, A. J., *op. cit.*, p. 9.

[13] "The Real World Order: Zones of Peace/Zones of Turmoil", Chatam House Publ., Londres, 1993.

centro y periferia, entre potencias y/o áreas desarrolladas y no potencias y/o áreas subdesarrolladas.[14]

El sistema de instituciones internacionales, que se focaliza en los países centrales, articula sus políticas de seguridad y estabilidad mediante las Naciones Unidas, con su órgano rector en materia de paz y seguridad —el Consejo de Seguridad— y, recientemente, con un órgano ejecutivo militar: la nueva NATO.[15]

En síntesis, un mundo con bajas probabilidades de guerras convencionales en las áreas centrales, con conflictos internos difusos y multiformes, predominantemente en las áreas periféricas, con una estructura de seguridad internacional globalizada que persigue la estabilidad y la predictibilidad.

Globalización

Los aspectos anteriores son coherentes con la existencia de un mercado mundial y una cultura homogeneizante que se difunde por los medios de comunicación de masas. Estamos en presencia de un escenario de seguridad dominado preeminentemente por la "comunidad capitalista de seguridad"[16] que, desde Occidente, tiene influencia global.

La relación conflicto-integración producida por la globalización trae a cuento las categorías de análisis inventadas por A. Toynbee[17] tomando como caso arquetípico la actitud de diferentes sectores del pueblo hebreo frente a la invasión de la cultura helenística, primero, y de la dominación romana, después. Una parte negoció frente al invasor y adoptó sus prácticas, consiguiendo mantener parte del poder y un espacio en ese mundo que le era parcialmente "exterior" pero que internalizaron. Este tipo humano fue representado por los Herodes (El Grande y Antipas). Otra sección del pueblo

[14] Escudé, C., *Realismo periférico*, Ed. Planeta, Buenos Aires, 1992, y *El realismo de los Estados débiles*, GEL, Buenos Aires, 1995, sugiere una política realista para la conducción de las relaciones exteriores de países como la Argentina, país que quiere asociarse inteligentemente al Centro, donde se toman las decisiones globales, y al centro del Centro, quien además ejerce el liderazgo del continente.

[15] "At the heart of the Western post Cold War order is an ongoing trade off: the US agrees to cooperate with an institutional political process and, in return, its partners agree to be willing participants", "...the post war hegemonic order is infused with institutions and practices that reduce the return to (crude) power.", Ikenberry, J., *op. cit.*, pp. 55 y 77.

[16] Buzan, B. "New Patterns of Global Security in the XXI Century", incluido en *Strategy and Force Planning Faculty* (ed.), "Strategy and Force Planning", Naval War College, Rodhe Island, 1996.

[17] *Estudio de la Historia*, Tomo IX, 2° Parte, Emecé, Buenos Aires, 1962, pp. 634/683.

hebreo se replegó en sus costumbres y en el cumplimiento estricto de las formas religiosas, rechazando toda adaptación. No negociaron, resistieron. Son los que mueren en Masada, son los "zelotes". En éste y en los otros casos históricos que presenta Toynbee, son los que siempre pierden o quedan aislados del mundo que les es contemporáneo.

Los provocativos trabajos de Huntington P. J.[18] y Fukuyama F.[19] contribuyen, a mi juicio, a enriquecer este paradigma, no sólo en el sentido de que una dimensión de los conflictos de la Post Guerra tiene un fuerte sentido de choque cultural,[20] sino que también, la comunidad capitalista de seguridad actúa como si el statu quo fuera algo así como el Fin de la Historia, donde los valores protegidos más generales son la previsibilidad y la estabilidad.

La globalización no parece ser una opción entre entrar o no entrar en ella, sino una decisión de cómo entrar de la manera más conveniente.[21]

[18] "The Clash of Civilizations", *Foreing Affairs*, Verano, 1993, pp. 22/49.

[19] "The End of History", *The National Interest*, Verano, 1989. Una revisión en "Second Thoughts", *The National Interest*, Verano, 1999.

[20] "...where there is less opportunity (sometimes none) and the existing, conforting order shrivels, human beings want validation and revenge. They cannot accept that their accostumed way of life is failing and they are failing individuals because of the behaviors to which their culture has conditioned them. They want someone to blame and then they want revenge on that someone. A leader, secular or religious, has only to preach the gospel of foreing devils and dark conspiracies —to absolve his listeners of responsability for their own failures— and he will find a willing audience. Humans do not want change. They want their customs validated. They want more material possessions, but they do not want to alter their accostumed patterns of behavior to get those things." Peter, R., "Our New Old Enemies" en Mattews, L. J. (ed.), *Challenging the US Symmetrically and Asymmetrically: Can America Be Defeated?*, US Army War College, SSI, Carlisle Barracks, Pennsylvania, 1998.

[21] "...en los países latinoamericanos e incluso europeos, corrientes de opinión... que acusan de traición o de mala fe a aquellos que toman en serio las ideas de dependencia, de mundialización y de hegemonía, e insisten en la debilidad del Estado y de la Nación, en vez de entregarse a una retórica nacionalista o revolucionaria vacía de contenido... Esta imagen caricaturesca de una hegemonía —que sin embargo no es absoluta— y de una dependencia —que tampoco es completa". "La principal debilidad de casi todos los países de América latina es no creer lo suficiente en su capacidad de actuar, y contentarse con un doble lenguaje, el de la denuncia de la mundialización y la dependencia, y el de la reivindicación de un voluntarismo nacional.", Touraine, A., "Los Discursos Autodestructivos", *La Nación*, Buenos Aires, 8 de julio, 1999. "La economía mundial condena a abrirse a los países más reacios como Francia, India o Brasil, ya que todos los países deben aceptar la globalización de los intercambios y mejorar su competitividad.", "Hemos abierto nuestras economías, ahora hay que volver a abrir las puertas de la sociedad a todos los que fueron excluidos...", Touraine, A., "Otras Prioridades Internacionales", *La Nación*, Buenos Aires, 27 de julio, 1999.

El nuevo ejecutivo militar

La Alianza Atlántica ha venido revisando cuidadosamente el planeamiento de sus capacidades y el respaldo político requerido para su actuación como órgano ejecutivo de la comunidad de seguridad Euroatlántica. Para ello, se tomó un quinquenio a fin de elaborar su Nuevo Concepto Estratégico y su Plan de Acción para la ampliación del número de sus miembros[22], ambos aprobados un mes después de comenzar el bombardeo aéreo de objetivos yugoslavos (23 y 24 de abril de 1999).

La crisis de funcionamiento de las Naciones Unidas, entre otros procesos, se ha manifestado: 1) por el trámite de la elección para el Secretariado General de Kofi Anan, impuesta por los Estados Unidos al resto del Consejo de Seguridad, 2) por el atraso en las contribuciones financieras de ese mismo país, y 3) por el procedimiento seguido para iniciar la Guerra del Golfo, donde la iniciativa estadounidense sobrepasó el pronunciamiento del CS, hecho repetido con mayor visibilidad en 1999 en la acción militar en Kosovo.[23]

Dice J. Castro: "La intervención de la OTAN en Yugoslavia... implicó un cambio de fondo en el sistema de seguridad global, de carácter cooperativo, orientado a afrontar el tipo de conflictos que proliferan en la década del 90... A diferencia de los conflictos tradicionales entre Estados, cuya resolución pacifica originó el nacimiento de las NU..., este nuevo tipo de conflictos no son interestatales sino intraestatales. Por eso las guerras entre Estados han disminuido y tienden a desaparecer." "Algo cambió a partir de Kosovo: la alianza occidental tiende a convertirse en el núcleo político y operativo de este nuevo sistema de seguridad global."[24]

Es un hecho de la realidad que estas notables transformaciones estratégicas, que se proyectaran, al menos, en las primeras décadas del siglo próximo, se ordenan a facilitar el liderazgo global de los Estados Unidos.

[22] Ver ambos documentos en *NATO Review*, N° 2, Verano, 1999. Allí, se amplían los intereses resguardados militarmente por la NATO y se abren las puertas para nuevos miembros que califiquen para ello. Ver Ronai, M., "Le Nouveau Concept Stratégique de l'OTAN port la marque des désaccords euro-americaines", *Le Debat Stratégique*, N° 44, Mayo, 1999.

[23] "Washington y sus aliados bombardearon Serbia sin la autorización del Consejo de Seguridad de la ONU, que hubiera sido bloqueada por China y Rusia. Tenían razón para hacerlo. Pero los líderes de la OTAN necesitan probar que no prescindieron de las UN y se volvieron luego hacia esta entidad en busca de una resolución para el alto el fuego y la reconstrucción...", Hoagland, J., "La OTAN no quiere sentir pena por Kosovo", *La Nación*, Buenos Aires, 1° de agosto, 1999.

[24] *La Nación*, Buenos Aires, 27 de julio, 1999.

La desaparición del enemigo soviético había planteado un problema para definir los objetivos cambiantes de la acción militar. La estrategia expresada en los documentos oficiales y trabajos académicos públicos busca acondicionar el mundo (shape the world) para que funcione de manera favorable a los intereses estratégicos de los Estados Unidos y sus aliados. El lenguaje técnico-conceptual está dominado por la Revolución en los Asuntos Militares (RMA), que se basa en la digitalización como tecnología primaria, y que toma el rol de las armas nucleares como superioridad específica. La organización central sería la NATO, con su apéndice eurasiático, la PfP (Partnership for Peace), los acuerdos con Rusia, etc. El concepto operacional principal es el de proyección de fuerzas, que se encarna en las coaliciones bajo la conducción (digitalizada) de los Estados Unidos y se expresa en la Fuerza de Tareas Combinada Conjunta (Combined Joint Task Force).[25]

La potencia líder

También con el fin de Guerra Fría comienza a aparecer un mundo diferente al concebido en 1648 con la Paz de Westfalia.[26] La soberanía de los Estados, que siguen siendo los actores principales de la política internacional, se torna "porosa" a la acción efectiva de los organismos supranacionales, la prensa y la opinión pública internacionales, las organizaciones no gubernamentales, los medios de transmisión de información (Internet), etc. Hay una interrelación e interacción mucho más estrechas y notables entre esos actores y, además, estas operaciones se producen en el mercado mundial, que homogeiniza productos, servicios y rasgos culturales. "There is no way out of playing by the rules of the international economy if you wish to be

[25] "La Neo-Stratégie US est Prête: il est Temps de penser la Nôtre", *Le Débate Stratégic*, N° 36, Enero, 1998. Toffler Alvin y Heidi, *Las guerras del futuro*, Plaza y Janés, Barcelona, 1994. Johnson, R., "Post Cold War Security: The Lost Opportunities", Disarmament Forum One, The New Security Debate, 1999.

[26] La Paz de Westfalia dio fin a la Guerra de los Treinta Años en Europa, secuela de las guerras de religión entre católicos y protestantes. En ese pacto se formula el paradigma de la soberanía de las naciones, dejando al Imperio y al Papado fuera del juego político central. Los equilibrios entre Estados y grupos de Estados se logran mediante alianzas. Cada Estado se dicta soberanamente sus normas de organización religiosa y de gobierno, sin injerencia de instituciones o naciones extrañas.

[27] Clinton, W. J., discurso pronunciado en Moscú, septiembre de 1998. Citado por Bacevich, A., *op. cit.*

part of it."[27] Los Estados Unidos son uno de los más importantes forjadores de esas reglas. Actúan como una potencia "Post-Wesfaliana".[28]

En un caso, la unión de naciones bien consolidada (UE) estableció economías complementarias que producen una sinergia de bienestar mayor que la suma de las capacidades individuales de sus miembros.[29]

El documento militar de la Administración Clinton, que estableció la Gran Estrategia para la Seguridad Nacional de los EE.UU., es "A National Security Strategy of Engagement and Enlargement".[30] Allí se dice (p. 3): "three central components of our strategy of engagement and enlargement are: 1) our efforts to enhance our security by maintaining a strong defense capability and employing effective diplomacy to promote cooperative security measures; 2) our work to open foreign markets and spur global economic growth; and 3) our promotion of democracy abroad."

Las perspectivas exteriores más generales de estas políticas podrían expresarse también en dos proposiciones: 1) compromiso con el mundo, en las áreas de interés para los EE.UU. y 2) ampliación de la democracia, como expresión de una política general de acondicionamiento del mundo.

Con respecto a las Américas (The Western Hemisphere), el documento señala: "The Western Hemisphere, too, is a fertile field for a strategy of engagement and enlargement." (p. 4) En efecto, sigue el texto diciendo que hay en la región un sostenido mejoramiento de la situación de seguridad, incluyendo la resolución de tensiones fronterizas, el control de la insurgencia y la contención de las presiones de proliferación de armas. Además, anota la existencia del triunfo sin precedentes de la democracia y las economías de mercado en toda la región (excepto Cuba). La situación presente en Colombia, seguramente, ha obligado a una corrección parcial de esta apreciación.

[28] "The US is, by its entire logic, "post-westphalian": that is, it represents a model of relations between states that goes significantly beyond the principles of states sovereingty and not intervention...", Buzan, B. y Diez, T., "The European Union and Turkey", *Survival*, Vol. 41, Nº 1, p. 50.

[29] "Part of the price to be paid even for partial association with an international organization such as the European Union is tolerance of a high level of mutual interference in domestic affairs, aimed at armonizing a wide range of legal, moral and instiutional practices", Buzan, B. y Diez, T., *op. cit.*, p. 51. También en Zacher, M. W., "The Decaying Pillars of the Westphalian Temple: Implications for International Order and Governance" y Rosenau, J. N., "Turbulence and World Politics", ambos incluidos en Rosenau, J. N. & Czenpiel, E. O. (eds.), *Governance Without Government: Order and Change in World Politics*, Cambridge Univ. Press, 1992, pp. 9 y sgts.

[30] The White House, Washington, Febrero, 1996. Para una visión militar ver Tilford, E. H.(ed.), "World View: The 1998 Strategic Assestment from the Strategic Studies Institute", US Army War College, SSI, Carlisle Barracks, 1998. Una postura crítica en Ronai, M., "Rénovation et Fractalization des Catégories Stratégiques Americaines", *Le Debat Stratégique*, Nº 36, Enero, 1998. Sobre la Doctrina Clinton de empleo de la fuerza militar ver Bacevich, A. J., *op. cit.*, p. 6.

Compromiso y ampliación en las Américas

Las orientaciones de las políticas de seguridad de los EE.UU. en el hemisferio se expresan en cuatro líneas principales, según J. Domínguez: 1) el desarrollo de un área de libre comercio, continuando la acción del presidente Bush, 2) el multilateralismo para resolver los conflictos en el continente, salvo intervenciones directas como las de Granada y Panamá, 3) la defensa colectiva de la democracia (Declaración de Santiago de Chile, 1991) y 4) la presión sobre Cuba para que regrese a la democracia y se reintegre al sistema hemisférico.[31]

Con mayor especificidad, estos temas de interés, para los primeros años del siglo XXI, han sido enumerados de la siguiente manera:

— El extremismo político
— El crecimiento económico sostenido
— La integración económica
— El tráfico de drogas
— La inmigración ilegal
— La estabilidad político-social[32]

Las áreas geográficas en que se patentizan estos intereses son, por lo tanto: Colombia, Perú y Bolivia, por la producción de drogas. Colombia ha devenido un caso crítico por la combinación narcotráfico + guerrilla. Venezuela, por el petróleo.[33] Panamá, por el Canal y, recientemente, por las operaciones de la guerrilla colombiana. México y el Caribe, por las migraciones y el transporte de drogas.

El fin de la Guerra Fría y la consiguiente desaparición de la amenaza extrahemisférica, sobre la cual se construyeron las políticas de seguridad

[31] Domínguez J., citado por Oppenheimer, A., *La Nación*, 19 de enero, 1999.

[32] Schulz, D. (ed.), "World View: The 1998 Strategic Assestment from the Strategic Studies Institute", US Army War College, SSI, Carlisle Barracks, Febrero, 1998. MC Caffrey, B. R., "Un ExComandante en Jefe Revisita América latina", *Joint Force Quarterly*, Ed. Especial, 1996.

[33] "...That leaves petroleum as the only Third World commodity clearly worth fighting over. Beyond that it is clear that no single conflict in the Third World poses an explicit threat to US national security", Snow, D., "The Shifting Threats and American National Security...", incluido en Burk, T. (ed.), *op. cit.*, Downes, R. (rep.), "Land power and Ambiguous Warfare: The Challenge of Colombia in the 21st Century", Conference Report, Army War College, SSI, Carlisle Barracks, 1999. Marcella, G. & Sschulz, D., "Colombia 's Three Wars. US Strategie at the Crossroads", Army War College, SSI, Carlisle Barracks, 1999.

de las naciones del continente (salvo Cuba, y Perú y Nicaragua temporalmente) dejaron a instituciones como el TIAR y la OEA sin instrumentalidad final, frente a un conjunto no siempre colaborativo de naciones del Continente.[34]

Es indicativo de ciertos cambios que, en los estudios para reorganizar los Comandos Superiores de las Fuerzas Armadas de los EE.UU., se esté proponiendo el reemplazo del Comando Sur (SOUTHCOM) por un Comando de las Américas (Americas Command), que comprendería Norte, Centro y Sur de América, con misiones mucho más limitadas y específicas que las del actual ejecutivo militar de EE.UU. en el continente. Sus misiones serían: "...providing military support to civilian authorities, providing military assistance for civil disturbances, protecting domestic assets and participating in the counter-drug program."[35]

Seguridad en el Cono Sur de América

En el área pueden detectarse tres rasgos principales:

Es una Zona de Paz y Cooperación

La situación estratégica y diplomática del Cono Sur en las últimas décadas no la presenta como una zona de agitación (turmoil zone). En eso se distingue de otras áreas periféricas. Los países que la integran perciben hoy como muy remotas las posibilidades de conflicto militar entre ellos; sin embargo, sus instituciones de defensa no siempre han reformulado sus apreciaciones en este nuevo escenario.[36] Los acuerdos diplomáticos y militares han establecido una red de intereses compartidos en la estabilidad, la paz y la gestión de los gobiernos democráticos. Los viejos recelos limítrofes y contiendas de

[34] Einaud, L., "The Politics of Security in the Western Hemisphere", *Parameters*, Vol. XXVI, Invierno 1996/7. Olney, O., "La Estrategia de Seguridad de Estados Unidos hacia América Latina: Un Análisis Crítico", *Geopolítica*, N° 58, 1996.

[35] Lovelace, C. D.; Young, T. D., "Defining US Atlantic Command Role in Power Projection Strategy", US Army War College, SSI, Carlisle Barracks, 1998.

[36] Rojas Aravena, F. y Smith, W. (eds.), "El Cono Sur y las Transformaciones Globales", FLACSO, North-South Center, Cladde, Santiago de Chile, 1994. Hirst, M., *Democracia, seguridad e integración: América latina en un mundo en transición*, Ed. Norma, Buenos Aires, 1996. Carasales, J. E., "National Security Concepts of States: Argentina", UNIDIR, Nueva York, 1992.

predominio han sido mediatizados y coordinados en cauces similares a las políticas hemisféricas de la potencia líder.[37]

La existencia de una malla de relaciones económicas, inversiones cruzadas y el Mercosur desde 1991, han formado asociaciones estables que, si bien pueden y han generado conflictos, descartan niveles de tensión con participación militar.[38]

Las visiones estratégicas y de política exterior, sin duda, muestran diversas perspectivas, pero no son esencialmente contradictorias y son el producto de la historia, estructura política y relaciones entre las elites de cada uno de los países involucrados.[39]

Reducción de los presupuestos de defensa y disminución del perfil político de las Fuerzas Armadas

Con la excepción parcial de Chile, los recursos dedicados a la Defensa Nacional se han reducido constantemente al punto que, en algunos casos, hay una especie de "hibernación" de las FF.AA. que, por lo demás y por la misma razón, van quedando rezagadas desde el punto de vista tecnológico y en el relacionamiento con los problemas estratégicos modernos. Son abundantes los casos de cooperación entre las fuerzas armadas de los países del área, sin llegar al planteo de operaciones combinadas o en función de objetivos estratégicos comunes.[40]

[37] Ver el desarrollo en todas las áreas en Granillo Ocampo, R. (dir.), "Las Relaciones entre la Argentina y los Estados Unidos: Una Nueva Etapa", CARI, Buenos Aires, 1996. Marcella, G., "Misiones Futuras de las Fuerzas Armadas Latinoamericanas y Política de los Estados Unidos", *SER en el 2000*, Nº 5, Marzo, 1994.

[38] Ver Kehoane, R. y Nye, J., *Power and Interdependence,* Brown & Co., Boston, 1997.

[39] Escudé, C. y Fontana, A., *op. cit.* Norden, D., "Redefining Political Military Relations in Latin America: Issues of the New Democratic Era", *Armed Forces & Society*, Vol. 22, Nº 3, Primavera, 1996. Rizzo de Oliveira, E, "Política de Defensa Nacional e Relaçaõ Civil-Militar no Governo do Presidente F. H. Cardozo", *Premissas,* Caderno 17/18, Univ. Nac. de Campinas, Maio, 1998. Rial, J., "Actitudes de las Fuerzas Armadas en el Mercosur", *Revista Militar,* Nº 730, Jul/Dic, 1994, Nº 730.

[40] Acuña, C. y Smith, W., "Política y Economía Militar en el Cono Sur: Democracia, Producción de Armamentos y Carrera Armamentista en Argentina, Brasil y Chile", *Desarrollo Económico,* Nº 135, Oct/Dic, 1994. CARI, "La Opinión Pública...", cit. Centro de Estudios para la Nueva Mayoría, "Balance Militar del Cono Sur, 1997/8, Argentina, Brasil, Chile, Paraguay y Uruguay", Buenos Aires, 1997. Flores, M. G., "Bases para una Política Militar", Univ. de Quilmes, *SER en el 2000*, Buenos Aires, 1996. Rojas Aravena, F. (ed.) "Gasto militar en América latina: Procesos de Decisión y Actores Claves", *CINDE/FLACSO*, Santiago de Chile, 1994. Sain, M., "Condiciones y parámetros para la reforma militar", *SER en el 2000*, Nº9, Junio, 1996. PERELLI, C., "El nuevo Ethos militar en América latina", *SER en el 2000*, Nº 4, Sept., 1993.

En casos como Argentina hay un verdadero desarme de hecho, que también constituye un elemento que dificulta pensar en operaciones combinadas. El desarrollo de medidas de confianza mutua ha sido impulsado por la OEA y la política exterior argentina, principalmente con Chile. Brasil no las ha considerado necesarias.[41]

Diversas "velocidades" en el cambio de las relaciones civil-militares

En los países del Cono Sur la tendencia general observada es hacia la maduración de los sistemas constitucionales y políticos, donde las FF.AA. van ocupando —a distinta velocidad según ha sido su éxito cuando ocuparon el poder político en los regímenes precedentes— el lugar natural que les corresponde en las democracias modernas.[42]

Si bien la supremacía de las autoridades constitucionales sobre las FF.AA. está establecida, todavía hay un notable grado de autonomía de ellas. La situación podría verse, en algunos casos, como de "acomodación autonómica" en la que la dirección política sólo se conforma con un bajo perfil político de las FF.AA. o con la garantía de que éstas no pueden intentar golpes de Estado.[43]

Este punto se relaciona con el llamado "control civil" de los militares (prefiero hablar de "conducción" política), para lo cual se han dedicado recursos académicos en la formación de cuadros civiles de administradores de la Defensa.[44]

[41] Hirst, M., *op. cit.*

[42] Goodman, L.; Mendelson J. y Rial, J., *op. cit.* Diamint, R. (ed.), *Control civil y fuerzas armadas en las nuevas democracias latinoamericanas*, UTDT, GEL, Buenos Aires, 1999.

[43] Hunter, W., "Conflicto civil-militar y acomodación en las nuevas democracias latinoamericanas", *Fuerzas Armadas y Sociedad*, Vol. X, Nº 4, Oct/Dic, 1995. Hunter, W., "State and Soldier in Latin America: Redefining Military Roles in Argentina, Brazil and Chile", US Institute of Peace, *Peacework* Nº 10, Washington, 1996. Perelli, C., "Desde los cuarteles: El discurso militar sobre la transición democrática en América del Sud", PEITHO, Doc. de Trabajo Nº 28, Montevideo, 1991. Fitch, J. S., *The Armed Forces and Democracy in Latin America*, The John Hopkins Univ. Press, Baltimore-Londres, 1998.

[44] Mendelson Forman, J. y Welch, C., *Civil-Military Relations: USAid's Role,* World Bank, Centre for Democracy and Governance, Julio, 1998. Es importante el trabajo del Centre for Hemispheric Defense Studies de la National Defense University, Washington, para formar administradores de la Defensa. Ver http/www.ndu.edu/ndu/chds.

Integración y seguridad

El área del Cono Sur, como se ha dicho, sigue siendo una de cooperación y paz dentro del panorama hemisférico. Dejando a un lado la crisis colombiana,[45] tampoco Cuba, siendo cada vez menos disidente, presenta problemas reales de seguridad en el Caribe. Ninguna de las Fuerzas Armadas latinoamericanas y del Caribe se encuentra comprendida en la elite de potencias militares capaces de proyectar poder en forma significativa sobre un vecino o adversario.[46]

Dice M. Hirst respecto del Cono Sur: "...al constituir una «zona sin guerras» y un área estratégica marginal en los temas globales, las diferencias en política exterior no adquieren un sentido trascendente para la seguridad regional."[47]

Se trata de una comunidad de naciones que ha excluido expresa y formalmente el recurso a la fuerza para encarar los problemas mutuos que puedan surgir en el presente y en el futuro previsible, es decir, forman lo que se ha dado en llamar una "Comunidad pluralista de seguridad".[48] En otras palabras, puede decirse que los actores han retirado el componente de "seguridad" respecto de las cuestiones de mutua preocupación, de manera que su tratamiento no llega a tener la suficiente saliencia como para que lleguen a presentarse como amenazas a la seguridad de aquellos.[49]

Los acuerdos comerciales del Mercosur, nacido en el Tratado de Asunción en 1991, indujeron a pensar en las posibilidades de extender previsiones análogas o complementarias en el campo de la seguridad.[50] Se trataría de

[45] Downes, R., *op. cit.*, Olney, P., *op. cit.* Marcella, G.; Schulz, D., *op. cit.*

[46] "All countries have armed forces, but not all have an effective military organization. Except for the top 10 military nations in the world, effective offensive warfare is not a realistic possibility", Dunningan, J. F., *How To Make War*, W. Morrow & Co. inc., Nueva York, 1993, p. 24.

[47] *Op. cit.*, p. 182.

[48] "A substantial part of the international system, including most of its major centers of power, now lives in a pluralistic security community in which the members neither expect or prepare the use of force in their relations with each other", Buzan B.; Waever, O.; de Wilde, J. *Security: A Framework for Analysis*, Lynne Rienner Publ., Boulder-London, 1998, p. 62.

[49] *Ídem*, p. 25.

[50] Hirst, M., *op. cit.* Hay trabajos tempranos sobre este punto como los de Herrera, A. G; Piñeiro, A. D.; Domínguez, R. F.; Lobaiza, H. "¿Es viable un sistema colectivo de defensa en el Cono Sur en un contexto de integración en marcha?", 6º Simposio de Estudios Estratégicos de los Estados Mayores Conjuntos de las Fuerzas Armadas de Argentina, Brasil, Chile, Paraguay y Uruguay, Buenos Aires, 1992. Koutoujian, A., "La defensa regional: Posibilidades

una transición cualitativa de relaciones políticas y sociales de diferente naturaleza, cuya viabilidad sugiere, al menos, un análisis detenido para determinar si hay algún paralelo entre ambas que permita correlacionar la integración comercial actualmente vigente con alguna forma de relacionamiento en materia de seguridad y defensa.[51]

El proceso seguido por la Unión Europea, con el que frecuentemente se buscan paralelismos, empezó por la cuidadosa creación de las instituciones de la Comunidad.[52] Por otra parte, dentro de ella no hay potencias de una dimensión suficiente para hegemonizarla. Un liderazgo económico es ejercido por algunas naciones, por su propio peso dentro de la Unión. Aún dentro de un marco cooperativo sólido y duradero, no han podido elaborar una política (llamada identidad) común en seguridad y defensa, cuestión que ha quedado subsumida dentro del planeamiento de la NATO, conforme a los acuerdos de Washington en abril de 1999.

El Mercosur, como acuerdo comercial, se halla en estos momentos sujeto a turbulencias por las crisis económicas que afectan a sus socios, y por sus limitaciones en su estructura normativa que lo diferencian de la Comunidad Europea.[53] Hay quienes se preguntan si el Mercosur resistirá el Área Libre de Comercio de las Américas (ALCA), si es que llega a materializarse. También la Cumbre de las Américas (1994) estableció que el ALCA "...se basará en los acuerdos regionales y bilaterales existentes", es decir que estos últimos serán los "building blocks" del acuerdo mayor.

Entre los socios de mayor tamaño relativo en el Mercosur existe una relación relativamente compleja. "Para Brasil, el Cono Sur es parte de una agenda de seguridad global y regional más amplia".[54] Para este país, el co-

---

de una alianza regional en el siglo XXI", *Revista de la Escuela Nacional de Inteligencia*, 4° Trimestre, 1996, pp. 79/89. La temática central de Seguridad Estratégica Regional en el 2000 gira alrededor de esta cuestión. La Ley de Reorganización de las Fuerzas Armadas N° 24.984 tiene previsiones al respecto.

[51] "The Southern Cone version under consideration (mainly by Argentina) seems to be an hybrid since it would not target one specific adversary but would join strategies, doctrines and command systems into a lasting defense system", Pion Berlin, D., "Will Soldiers Follow?: Southern Cone Economic Integration and the Regional Security Issue", mimeo, abril, 1999.

[52] "La integración europea fue una tortuga que avanzó lenta pero seguramente a lo largo de tres décadas. El Mercosur es, en cambio, un operativo eminentemente político. No tiene nada parecido a una Comisión Ejecutiva o una Corte de Justicia. Resulta, en cambio, del impulso simultáneo de los presidentes de la subregión", Grondona, M. "Nuestro Socio, Brasil", *La Nación*, Buenos Aires, 18 de junio, 1999.

[53] Ver Grondona, M., "Dos Futuros para el Mercosur", *La Nación*, 8 de agosto, 1999. Mantilla, E., "El Bloque, ¿Objeto Político No Identificado?", *La Nación*, Buenos Aires, 11 de julio, 1999.

[54] Hirst, M., *op. cit.*, p. 180.

mercio internacional dentro del Mercosur subió un 50% desde su vigencia. Para Argentina, ascendió el 300% en el mismo lapso.

En materia de seguridad, Brasil resiente la hegemonía estadounidense y tiende a plantear su política exterior en términos de oposición Norte-Sur, con especial énfasis en lo que considera marginación tecnológica de la periferia. Respecto a la Argentina, ve la relación de seguridad en forma bilateral y resiste las políticas de seguridad hemisféricas.[55] Esta falta de convergencia, hasta ahora, ha presentado dificultades para que Brasil y Argentina puedan coordinar sus respectivas políticas de seguridad y defensa.

También contribuye a esa incompatibilidad el alineamiento de Argentina con los EE.UU. en muchos temas de política internacional y en casi todos los temas de seguridad internacional.

Por una razonable lógica vinculada a su tamaño y potencial, Brasil se percibe a sí mismo como un país con destacada estatura estratégica internacional y capacidad autonómica en el área.[56] Ello tiende a despertar sentimientos nacionalistas defensivos en aquellas naciones asociadas a ese país, que son un elemento negativo para la cooperación en seguridad y defensa.

No puede dejar de señalarse que es posible identificar intereses estratégicos comunes en la región que podrían guiar un ejercicio de orientación del pensamiento estratégico del Cono Sur.

El primordial interés es, obviamente, la preservación de los Estados y su subsistencia política.[57] Los posibles intereses comunes estarían alrededor de: 1) el desarrollo económico-social sostenido, 2) la protección nacional de los Derechos Humanos, 3) el control ecológico de la región, 4) la continuidad y perfección del Estado de Derecho, 5) el funcionamiento adecuado del mercado interno y la conveniente inserción en el mercado internacional, y 6) el mantenimiento de nuestra Zona de Paz y Cooperación.[58]

En cuanto a la preservación de la autonomía del Estado, estamos viendo a esta institución: 1) como una unidad de control y coordinación política que asegura las libertades individuales y los mecanismos (sanos y positi-

[55] Escudé, C. y Fontana, A., *Divergencias...*, *op. cit.*

[56] "... the big problem of Brazil thinking either in hegemonic term or out of the region as a world scale power that is too big for Latin America", Buzan, B., et. al., p. 128.

[57] "Political Security concerns the organizational stability of states, system of government and the ideologies that give them legitimacy.", Buzan, B. et al., *op. cit.*, p. 11. "La amenaza más importante a la seguridad hoy día es la amenaza para el futuro del propio Estado nación." Gamba, V., *Alternativas...*, cit., Pion Berlin, D., *op. cit.*

[58] Beltrán, V. R., "Contribuciones para una Concepción Estratégica en el Cono Sur de América", incluido en Braz Araujo, J., *Estratégia No Novo Cenário Mundial*, Univ. de Saõ Paulo, NAIPPE, 1996.

vos) del mercado, 2) como la herramienta básica de negociación en el mundo globalizado, y 3) como actor en un sistema todavía básicamente internacional, es decir, estructurado en unidades estatales, entre otros actores.[59]

En la última década, sectores de la administración norteamericana, la OEA y el gobierno argentino han trabajado sobre la idea de aplicar los principios de la Seguridad Cooperativa a la región, con desigual resultado. Sobre este modelo dicen A. B. Carter et. al.[60]: "... it consists in two elements: first, a rigorous arms control approach that make aggression dificult by banning possession of NBC (Nuclear, Bacteriological, Chemical) weapons, reducing armaments, emphasizing transparency in military matters and, most important, constructing only defensive weapons, and, second, a residual collective security system to protect the victims of aggression in case of arms control measures fail to prevent it." Es decir, un modelo de defensa no ofensiva y un actor exterior de seguridad, de una potencia u organización internacional, con capacidad ofensiva, que actúe como disuasor final y garantía de todo el sistema.

Este diseño de seguridad presenta algunos aspectos criticables: 1) incorpora un sistema de seguridad colectivo "externo" que no siempre es posible implementar, y 2) supone una capacidad punitiva que ha de asignarse a una potencia o grupo de potencias externo, lo que resulta políticamente difícil de aceptar.

La seguridad cooperativa supone que los Estados menores aceptan el condominio de poderes mayores para imponer la paz entre ellos.[61]

Algo similar ha funcionado en la relación de los países europeos de la Unión, siempre bajo la tutela dominante de los EE.UU., frente a la amenaza soviética como aglutinante, primero, y con la presente instauración del nuevo ejecutivo militar, la NATO, que separa el plano militar del plano económico. Este último, moviéndose con cierta autonomía en el mercado mundial.

En nuestro país, esta dualidad se presenta en el equilibrio de dos políticas: cómo ser un buen aliado de los EE.UU. y, a la vez, ser un buen vecino de los países del área con los cuales tenemos estrechas y saludables rela-

[59] "Global institutions are not substitute for nations. However in a world characterized by a fast-growing network of transnational links complementing more traditional ones, they can provide the framework within wich states can interact with their new competitors and adjust to the "desintermediation of politics" without being submerged by it.", Gheheno, J. M., *op. cit.*, p. 18.

[60] Carter, A. B.; Berry, W. J. y Steinbruner, J. D., *A New Concept of Cooperative Security*, Brooking Institution, Washington, 1992.

[61] Art, R. J., *op. cit.*, p. 103.

ciones económicas, políticas y culturales y que pueden tener políticas diferentes. De allí las dificultades que plantea la integración en materia de seguridad, en particular, en momentos de turbulencia en el Mercosur (julio-agosto, 1999). M. Hirst dice: "... todavía queda un largo camino por delante para lograr una integración en el ámbito de seguridad"[62] en el Mercosur.

En este momento, hay signos reales y positivos de *cooperación* en materia de seguridad entre los países del área, pero la formulación de un verdadero "complejo de seguridad" no parece estar a la vista todavía.[63]

De allí que resulte razonable coincidir otra vez con M. Hirst cuando dice: "... la coexistencia pacífica podría llegar a ser, en el futuro cercano, una segunda mejor solución en las cuestiones de política y estrategia internacional."[64] Además, la presión para lograr mayores niveles de integración a corto plazo, puede despertar prevenciones brasileñas ya que este país "... believes that Washington is trying to adjust Mercosur's security forces to roles that fit into its own design for domination of the region."[65]

Un grado superior de integración en materia de seguridad y defensa en el Cono Sur supondría, asimismo: 1) enfrentarse a la fuerte tendencia al liderazgo de Brasil en la región, 2) aceptar alguna especie de "división del trabajo" entre las instituciones militares, 3) la interoperabilidad de las fuerzas, y 4) la determinación y acuerdo sobre las amenazas a los intereses estratégicos comunes, las formas de enfrentarlas, las capacidades necesarias, la formulación de doctrina, organización, comandos combinados, etc. Estas dos últimas condiciones significan gastos en defensa que se tornan problemáticos en una etapa de contracción presupuestaria.

Dicho resumidamente, las ventajas de la asociación comercial vertebrada en el Mercosur no se trasladan automáticamente a niveles mayores de integración en asuntos de seguridad y defensa.

Un Área de Paz, con reducción de medios militares, con sistemas democráticos protegidos mutuamente por medios diplomáticos, con interés en incorporarse al mercado mundial y al sistema de liderazgo capitalista industrial, ofrece un escenario en el que la cooperación pacífica en seguridad y defensa es apropiada para una *comunidad pluralista de naciones*.

[62] *Op. cit.*, p. 182.

[63] "A security complex is defined as a set of states whose major security perceptions are so interlinked that their national security problems cannot reasonably analyzed or resolved apart from one another.", Buzan, B., et al, *op. cit.*, p. 12.

[64] *Op. cit.*, p. 184.

[65] Pion Berlin, D., *op. cit.*, p. 13.

Conclusiones

Si los hechos consignados más arriba ayudan a una revisión de los supuestos sobre los cuales hemos pensado los problemas de la integración regional, será menester una amplia discusión pública para definir las políticas en esta materia. No sería la primera vez que en el análisis de una situación político-económica se intercalan premisas sobreentendidas provenientes de una imagen futura que sentimos deseable.

Entendemos que la integración comercial y, en su momento, económica del Cono Sur sobre el esquema del Mercosur, sigue siendo un objetivo estratégico valioso para orientar nuestras acciones. Sin embargo, el horizonte histórico de una posible integración en Seguridad y Defensa está, al menos, más lejos de lo que pensábamos.

Los países del área somos entidades estratégicas intermedias o menores, cuya relevancia en esa dimensión se ejerce dentro de la región y sólo marginalmente en el escenario global. No participamos de la política mayor del poder mundial y nuestra estatura internacional está dada por el desarrollo económico-social, la estabilidad institucional y el seguimiento de las reglas de juego que se elaboran, en buena parte, fuera del área.

Estas condiciones, por supuesto, no son irreversibles, pero son las que nos permiten ingresar en el mundo moderno de las democracias desarrolladas, como sociedades pacíficas pero con capacidad defensiva real, si es que así lo deseamos. El mundo desarrollado se ha "holandizado", ha renunciado a la política de poder a cambio de su integración en el mundo.[66] Esto es lo que ha pasado con los miembros de la Unión Europea.

Argentina debe mantener, sin dudas, su compromiso con el Mercosur, acuerdo que ha dado beneficios a todas las partes involucradas, pero que en estos momentos (julio-agosto, 1999) muestra síntomas de inestabilidad, que

[66] "... States such as Holland had been chosen to drop out of the Great Powers Club because they no longer wish to engage in war...", "... the high level of interdependence is made posssible in the first place by expectations of a low probability of war", Thompson, W. R., "The Future of Transitional Warfare", en Burk, J., *op. cit.*, pp. 73/79.

[67] Algunos economistas temen que una nueva devaluación monetaria importante en Brasil o Argentina —que no puede descartarse en la próxima década— podría producir una grave crisis en el Mercosur.

preocupan respecto a su resistencia a nuevas conmociones[67] y a la aparición del ALCA, si tiene andamiento más allá del 2005.[68]

El modelo adecuado para el análisis nos parece ser el moderno de Centro-Periferia[69], y no el de Norte-Sur, propio de los 60' y que sería adoptado por ciertas elites del socio más importante del Mercosur.[70] Hay una relación positiva probada entre la integración comercial y económica y sus efectos estabilizadores y pacificadores sobre el área donde la integración se produce. El meollo de la cuestión es si es posible el salto cualitativo desde un acuerdo básicamente comercial, el Mercosur, hacia las relaciones propias de la seguridad y defensa comunes y compartidas. El ejemplo europeo nos parece indicativo. Las dos organizaciones, económica (más profunda que la comercial del Mercosur) y de seguridad, coexisten en distintos planos, con diferentes miembros y diversas finalidades.

En nuestra región se han producido avances no imaginados una década atrás en materia de cooperación militar, medidas de confianza mutua, transparencia en los gastos de defensa, visitas de oficiales de las FF.AA., ejercicios combinados, tareas comunes de vigilancia y salvamento, reuniones de Estados Mayores, etc. Son actividades bi o multilaterales que han contribuido evidentemente a consolidar la Zona de Paz que vincula a nuestros países en *una comunidad pluralista de seguridad* que ha abandonado definitivamente el esquema de la Guerra Fría, por una parte, y las prevenciones mutuas, por la otra.[71]

Argentina, por su parte, ha jugado fuerte en su relación de seguridad con los EE.UU., alineándose en esa materia frecuentemente. Esta posición no ha sido igual en otras cuestiones. Discute con su aliado sobre comercio y patentes, ecología, control de la natalidad, etc. Este vínculo ha llegado hasta la declaración, por parte de EE.UU., de que Argentina es su aliado extra OTAN y nos obliga a seguir un delicado equilibrio con nuestros socios regionales, particularmente con Brasil, manejando por dos carriles

[68] Un NAFTA ampliado y, en consecuencia, el ALCA, podría incluir a Gran Bretaña, si finalmente no puede conciliar sus intereses con la UE, que se centra en el eje franco-alemán. Ver Black, C., "Britain's Atlantic Option", *The National Interest*, Nº 55, Primavera, 1999.

[69] Escudé, C., *Realismo periférico*, *op. cit*.

[70] Hay quien percibe un cambio en esta actitud. Ver Tibiletti, L., "La perspectiva estratégica de Brasil en los años 90", ponencia en el Seminario de la Univ. Nac. de Quilmes, 24 de junio de 1999. También ver Flores, M. C., *op. cit.*

[71] "Tanto a nivel militar como diplomático, se sabe que los conflictos con vecinos son imposibles de sostener por vía militar.", "... en el ámbito de la fuerza militar se habla de cooperación pero no de integración.", Rial, J., "Actitud de las Fuerzas Armadas en el Mercosur", *Revista Militar*, Buenos Aires, Nº 730, Jul/Dic, 1994, pp. 38/41.

nuestras relaciones de seguridad y las comerciales, ambas sincrónicas y esenciales.[72]

En cuanto a su seguridad como nación Argentina depende muy limitadamente de los EE.UU. y sí de su propia capacidad defensiva y recursos diplomáticos.[73] Un país intermedio como el nuestro tampoco es fácil objeto de una acción "disciplinaria".

Al apreciar como problemática una integración del Cono Sur en materias de seguridad y defensa, compartimos la opinión de buena parte de las elites políticas y militares de los países del área. La estabilidad y paz de la región bien pueden ser mantenidas y profundizadas con dispositivos nacionales de defensa que no amenacen a los vecinos. No sólo las medidas de confianza mutua y otras relacionadas más arriba contribuyen a ese proceso, sino también la existencia de fuerzas armadas modernas cuyos gobiernos hayan decidido una postura de defensa no ofensiva.[74] Ello contribuiría a elevar aún más el nivel de seguridad y cooperación en toda la región. Las fuerzas armadas dan seguridad a las naciones; naciones seguras crean entornos estables y pacíficos.[75]

En suma, el modelo que dejamos bosquejado aquí para el Cono Sur quiere ser realista en la protección de los intereses estratégicos nacionales y regionales, que son la conjunción de los primeros. Sugiere: 1) mantener y dar mayor profundidad a las medidas de confianza y cooperación en materia de seguridad y defensa entre los países de la región, 2) tomar del modelo de seguridad cooperativa los principios de control de armas ofensivas y de actitud defensiva, sin perjuicio de las capacidades ofensivas tácticas, 3) si se consolida la percepción de que no hay amenazas externas creíbles sobre la región, descartar el análisis de un sistema de seguridad colectivo hemisférico externo a la región, 4) dotar de capacidades militares concordantes con lo

[72] A veces los niveles se comunican. Durante julio de 1999, en el desarrollo de los desacuerdos entre los socios mayores del Mercosur, Brasil expresó su agravio por la solicitud (inviable) de ingreso de Argentina a la NATO.

[73] Dijo el canciller de Chile en Buenos Aires: "El Derecho Internacional es el mejor derecho que tienen los países sin poder militar o económico." "... a nuestros países (latinoamericanos) no les conviene ni el caos internacional ni el orden impuesto por terceros", *La Nación*, 25 de julio de 1999.

[74] Ver Cáceres, G. y Scheetz, T., *Defensa no provocativa: Una propuesta de reforma militar en la Argentina,* Edit. Buenos Aires, Buenos Aires, 1995. Scheetz, T., "Opportunities for NOD in the Southern Cone of America", *NOD & Conversion*, Nº 33, Julio, 1995 y "Defensa no provocativa en la Argentina", *Fuerzas Armadas y Sociedad,* FLACSO, Año 9, Nº 4, Oct/Dic, 1994.

[75] Ver una propuesta integral en Lobaiza, H., *La Argentina indefensa: crisis, oportunidades y propuestas*, Círculo Militar Argentino, Buenos Aires, 1997. También Zabala, C. M., "Una visión sobre las Fuerzas Armadas del siglo XXI", *Revista Militar*, Buenos Aires, Nº 147, Abr/Jun, 1999.

anterior a cada uno de los países de la región, y 5) mantener la "vigilia estratégica" (A. Tello), para estar atentos a los cambios del sistema de seguridad internacional y continental y detectar sus significados para el país y la región.

No podemos dejar de intentar un juicio probabilístico en cuanto al próximo gobierno, que surgirá de las elecciones del 24 de octubre próximo. El gasto de defensa del gobierno nacional será igual o más ajustado aún.[76] La relación con los EE.UU. posiblemente baje los decibeles. Quizás sea posible un mayor relacionamiento con Europa en materias de seguridad y defensa.[77]

La desafiante tarea de pensar y obrar en los temas estratégicos es necesariamente colectiva y se nutre de las perspectivas de muchas calidades humanas. Como pensamiento es tarea de intelectuales, con la necesaria dosis de realismo que usualmente traen los militares profesionales, la ejecución es tarea política. [78]

[76] Ver el excelente trabajo sobre el gasto en defensa en Argentina, 1993-1999, en Pesce, M.; Estevez, E.; Eissa, S. y Mintegiaga, A., *El gasto de defensa del gobierno nacional*, Fundación Karakachoff, Buenos Aires, 1999.

[77] "... la Unión Europea y Latinoamérica constituyen la mayor parte de Occidente." "... el colapso de una de las superpotencias planteó el peligro de dejar vía libre a los abusos de la otra.", "La región (América latina)... es la única en vías de desarrollo que ha exhibido en el período de la post guerra un sesgo eminentemente occidental.", Irela, "Relaciones entre Europa y América latina: Hacia una agenda birregional para el siglo XXI", Informe para la Cumbre de Río, 28/29 de Junio de 1999.

[78] "La nación que insiste en trazar una línea de demarcación entre el soldado y el hombre de pensamiento, puede llegar a encontrarse con que sus guerras son luchadas por tontos y su pensamiento elaborado por cobardes.", Sir Francis Butler, *Parameters*, Nº 20, Dic., 1990, p. 28.

LOS NUEVOS RUMBOS ESTRATÉGICOS: LA POLÍTICA DE SEGURIDAD Y DEFENSA DEL BRASIL EN EL PERÍODO POST GUERRA FRÍA

Paulo Joppert Crissiuma

Consideraciones iniciales

El final de la Guerra Fría y del sistema bipolar se convirtió en tópico obligatorio, o en referencia inicial, de toda reflexión o análisis actuales relativos al tema de la seguridad internacional. El nuevo orden mundial, aún en gestación, en cierta medida atenuó el contenido ideológico en las relaciones internacionales, haciendo emerger por contraste una realidad global, con distinta fisonomía, caracterizada por una multiplicidad de intereses y conflictos que antes estaban en buena parte contenidos o en suspenso, y cuya reactivación produjo gran inestabilidad en el sistema internacional, así como un alto grado de dinamismo e imprevisibilidad en los acontecimientos políticos mundiales.

Entre los principales trazos del nuevo orden internacional se destacan:

a) Los Estados Unidos se tornaban la única superpotencia militar mundial ante el colapso de la Unión Soviética, pero sin el poder cohesivo que daba al bloque occidental la amenaza soviética; su capacidad de liderar los asuntos mundiales tiene límites, a pesar de disponer de medios bélicos muy superiores a los demás países.

b) Los conflictos menores, al desaparecer la confrontación principal Este-Oeste, dejan de representar un riesgo automático para la superpotencia. De ello resulta que muchos de esos conflictos pueden seguir ocurriendo, ya que no hay interés de la potencia hegemónica en resolverlos, lo que exige la intervención o actuación de organismos internacionales, que pasan a tener un papel mucho más actuante como reguladores de la paz mundial.

c) Emergencia de nuevos protagonistas —tanto de carácter transnacional como intranacional— en las relaciones internacionales. Anteriormente, ese protagonismo estaba reservado, con exclusividad casi absoluta, al Estado-Nación. Entre el nuevo protagonismo, grupos sociales, paralegales o ilegales, que adquieren creciente expresión de hecho; organizaciones no gubernamentales que, por aglutinación y "poder de divulgación" que les propician los medios, pasan a tener mayor peso; la opinión pública, servida por la midia, y también por ella manipulada.

d) La interconexión de las decisiones político-económicas, la actuación de los nuevos protagonistas internacionales y las nuevas reglas de juego generan, en definitiva, una permeabilidad de las fronteras tanto real como virtual, que incide sobre la anterior estructura piramidal del Estado-Nación. Sin embargo, a pesar de algunas modificaciones en el concepto absoluto de soberanía, el Estado-Nación sigue siendo el actor fundamental y pieza clave de las relaciones de poder internacionales, aunque debe adaptarse a las nuevas condiciones del mundo. Esa permeabilidad, además de influir en la cultura nacional, torna al Estado, a sus instituciones y a los integrantes de la sociedad más vulnerables a la acción de las nuevas amenazas y riesgos que presenta actualmente el orbe.

e) La reaparición de muchos de los viejos antagonismos, los cuales tienen su origen en variadas cuestiones: históricas, étnicas, religiosas, culturales y geográficas (disputas territoriales), y que llevan a conflictos localizados.

A partir de la década del 90, el pensamiento estratégico del Brasil recibió el impacto de esos cambios, de la acentuada atenuación de la confrontación ideológica mundial, y con ello se desvanecieron las antiguas certezas sobre la naturaleza de los conflictos, la identificación de las amenazas y la planificación estratégica a ellas asociada. La incertidumbre sobre la naturaleza del "nuevo orden mundial", la imposibilidad de definir con precisión cuáles tendencias se impondrían en el escenario global, dejaron su marca sobre las percepciones de las propias elites militares y civiles del país. Durante la primera mitad de los años 90, distintos segmentos políticos, militares y académicos en Brasil, en cierta forma, convergieron en el análisis de las tendencias observadas en el ámbito global, hemisférico y regional. De cierta manera, sus percepciones se caracterizaron por ser comparativamente más cautelosas y menos optimistas que las de algunos de sus pares, como la de los argentinos, que se adhirieron más rápidamente a la visión del nuevo escenario mundial como siendo más cooperativo y estable.

Política de seguridad y defensa del Brasil

La política exterior procuró, entonces, desarrollar un discurso de aserción de principios ante situaciones, en cierta forma ambivalente: las críticas al excesivo proteccionismo, a las eventuales violaciones de los derechos humanos y a la posible falta de respeto al medio ambiente si, por una parte, mostraban la vulnerabilidad del país, por otra, destacaban que al despertar la atención del mundo el Brasil había dejado de ser visto como una simple potencia regional, teniendo temas de su problemática discutidos con mayor incidencia por la comunidad internacional. Ese hecho determinaría el esfuerzo de nuestra política externa en el sentido de revertir ciertos tópicos negativos por los cuales Brasil se insertaba en el universo de las relaciones internacionales.

Es posible que uno de los momentos de inflexión de esa posición haya sido la decisión tomada por el gobierno del Presidente Sarney, de proponer a la ciudad de Rio de Janeiro como sede de la Reunión que vendría a denominarse ECO-92. Esa iniciativa indicaba a la comunidad internacional la decisión brasileña de querer ser transparente en temas en que era objeto de acusación. Esa actitud sería intensificada por el gobierno del Presidente Collor de Mello, el cual convoca como Secretario de Medio Ambiente a José Lutzemberg, un ambientalista reconocido mundialmente, con credibilidad ante las ONGs que tratan el tema.

El gobierno de Collor de Mello delimita, en la Amazonia, una gran zona que pasa a constituir el territorio de los indígenas Yanomani. El país invierte su conducta ante las ONGs, como Amnistía Internacional y otros organismos multilaterales, y pasa a divulgar informaciones oficiales sobre la actuación del gobierno en temas en que venía siendo blanco de críticas y presión internacional. Dicha administración implementa también medidas concretas para desarmar el modelo de fuerte intervencionismo estatal e introduce medidas de apertura económica, insertándose en el mundo globalizado y en los principios de la economía de mercado. La renuncia de Collor de Mello no altera substancialmente el rumbo del país en proseguir en la apertura económica y en su inserción en el nuevo orden mundial.

Al entrevistar, en noviembre de 1999, al profesor Hélio Jaguaribe, él argumentó que, con respecto a la inserción del Brasil en el nuevo orden mundial, habría en la sociedad brasileña tres vertientes principales. Todas endosan el pensamiento de que el fin de la bipolaridad condujo a una hegemonía americana creciente a partir de la cual el Brasil tendría que tomar una posición. En la primera de esas vertientes —cuya visión del mundo mucho se asemeja al pensamiento del gobierno del presidente Menem— hay una percepción de la irreversibilidad de dicha hegemonía, no quedando otra alternativa que la de adherirse a la misma. Esa corriente sobreestima el efectivo grado de internacionalización del mundo, por ello se llega a creer en el multilateralismo como tendencia inevitable para solucionar problemas políticos, económicos y de seguridad internacional. Jaguaribe considera esa evaluación como restringida a un grupo minoritario en la sociedad brasileña, más vinculada al mundo financiero, y a algunas personalidades del equipo económico del actual gobierno brasileño; expresiva, pues, como grupo influyente en el proceso de decisión.

El pensamiento opuesto corresponde a una visión académica según la cual el mundo está viviendo una etapa de transición porque no hay infinitud —una visión que toca nociones de la propia epistemología histórica— de una hegemonía mundial de los Estados Unidos que sea para siempre estable. El mundo estaría, así, entre un orden mundial que obedece a un modelo de *pax americana* y un orden mundial que obedece al modelo de *pax universal*. Los Estados Unidos no tienen cómo evitar en un plazo, que Jaguaribe calcula entre treinta y cuarenta años, el surgimiento de nuevas potencias, o de nuevas geometrías de poder, en que países como China y eventualmente Rusia se desempeñen como polos opuestos a la *pax americana*. Así, para esta corriente, tomar la *pax americana* como si fuese un orden mundial duradero representaría cierta candidez; el Brasil tendría así que desarrollar una estrategia que, sin descuidar sus socios del Mercosur y de la Unión Europea, establezca proyectos en el campo de la ciencia y de la tecnología con China y aproximarse a Moscú (aún a despecho de la crisis actual). La gran dificultad de esa estrategia sería desarrollarla sin crear fricciones con la potencia hegemónica. Para Jaguaribe, no se pueden manejar estrategias de corto y mediano plazo en función de juicios sobre configuraciones de largo plazo.

La última vertiente, para Jaguaribe, sería aquella que coincidiría con la del pensamiento del actual Presidente Fernando Henrique Cardoso y compartida por su Canciller, el Embajador Luiz Felipe Lampreia. Se entiende como una visión realista de la actual hegemonía americana, y considera que la única forma de coexistir con esa hegemonía, preservando los intereses nacionales, es fortalecer las áreas de independencia, explotando, concomitantemente, todas las brechas de autonomía posibles, intensificando alianzas como el Mercosur, extendiéndolo a todo el conjunto de América del Sur, ampliando las relaciones con la Unión Europea, con el propósito de fortalecer una línea de actuación que optimice la inserción del Brasil en el escenario internacional, donde el predominio americano es evidente, pero donde el Brasil, penetrando con mayor grado de valencias, reduzca su vulnerabilidad.

La seguridad global

En la visión oficial del gobierno brasileño, la nueva dinámica internacional, con énfasis en la cooperación económica, generó una perspectiva positiva en lo que se refiere a la seguridad global. Como señala el canciller brasileño, Embajador Luiz Felipe Lampreia, "las Fuerzas de modernización de la apertura económica y de las iniciativas de integración" producen innumerables beneficios políticos y de seguridad.

En términos de sociología política, parece haber una falta de urgencia y poca demanda crítica de la propia sociedad brasileña sobre seguridad y defensa. O sea, en la formulación (aún imprecisa o inexpresiva) de una gran estrategia brasileña, los temas de seguridad internacional, tanto de alcance global como regionales, son secundarios en la agenda nacional. Por consiguiente, el tratamiento que el Brasil da a su inserción internacional tiende a seguir una rutina de formulación esencialmente gubernamental, donde la opinión pública se manifiesta en forma poco participativa.

Desde el punto de vista de la agenda de seguridad global, el tema más importante se refería, hasta hace poco tiempo, a la posición del Brasil ante la reforma del Consejo de Seguridad de las Naciones Unidas. Para la diplomacia brasileña, la ampliación se hacía necesaria teniendo en cuenta la adecuación del organismo a las nuevas realidades del mundo Post Guerra Fría, donde se registran no sólo la emergencia de nuevas potencias económicas, sino también la presencia de países en desarrollo. Las credenciales que Brasil presentaba como candidato para tornarse miembro permanente del Consejo de Seguridad se basaban, en primer lugar, en determinados atributos domésticos (democracia, tolerancia étnica, cultural y religiosa) que, sumados a una ya consolidada tradición de la política externa (pacifismo, no intervención, respeto al Derecho Internacional, defensa de la solución pacífica de las controversias) representarían un importante triunfo diplomático.

Otras credenciales serían la naturaleza de su inserción en América del Sur (donde capitanea un proceso de integración regional), el peso de su participación en la economía mundial y la presencia históricamente activa dentro de las Naciones Unidas.

La posibilidad de que el Brasil se incorporase como miembro permanente del Consejo de Seguridad de las Naciones Unidas generó un debate sobre la temática de la representatividad regional, que se convirtió en tema dominante de la Reunión de los Presidentes del Grupo de Rio. Para la Argentina, acatar la demanda del Brasil sería aceptar su liderazgo estratégico en forma permanente; por tal razón, dicho país apoyó la posición de México que sostiene la tesis de la rotatividad del cargo.

Las posturas distintas de los dos países con respecto a un tema que implicaría un efectivo desequilibrio de poder —en la práctica ya existente a favor del Brasil— acabó en un impasse que no evolucionó hacia una crisis más seria por la decisión conjunta de los Presidentes, Menen y Cardoso, de postergar el debate del tema para el ámbito subregional.

Desde entonces, el tema de la reforma del Consejo perdió su dinámica, quedando, sin embargo, aparente que la candidatura brasileña levanta resistencias —y eso no es inexpresivo— de dos de los países más importantes de América Latina, Argentina y México. Se debe notar en este tema el crecimiento que experimentan otras formas de organización como el G-7 y la propia NATO, expresiones concretadas de la forma en que el poder mundial toma hoy sus resoluciones.

El Brasil y las operaciones de mantenimiento de la paz

Desde el establecimiento de las primeras iniciativas de monitoreo de la paz por las Naciones Unidas, en los años 40, Brasil ha sido un participante activo en esos mecanismos de acción para la seguridad colectiva, integrando 22 operaciones de mantenimiento de la paz de las Naciones Unidas desde 1956. Además de la importante contribución con contingentes de tropa para misiones como la UNEF-I (Oriente Medio), la ONUMOZ (Mozambique) y la UNAVEM-III (Angola), que representan, sin duda, el aspecto más significativo de la participación brasileña, el país también cedió centenas de observadores militares, policías y personal del Estado Mayor para distintas misiones, así como observadores electorales que supervisaron elecciones en cinco misiones de la ONU, de 1992 a 1994. De 1956 hasta la fecha, cerca de doce mil militares (la mayoría del Ejército) participaron en Misiones de Paz de la ONU. En septiembre de 1999, Brasil envió a Timor del Este un contingente de cincuenta soldados para mantener la paz, después de los conflictos que se siguieron a la independencia del país.

El respeto a los tradicionales principios del consentimiento de las partes, de la imparcialidad y del no uso de la fuerza —a no ser para defensa propia— parece ser la forma más adecuada para garantizar la legitimidad y la eficacia de las operaciones bajo la égida de la ONU, así como la seguridad de los integrantes de la Misión.

La actual tendencia en delegar misiones de paz para organismos regionales y subregionales, con la consecuente reducción del control de las operaciones por parte de la ONU, trae algunos riesgos, pues las misiones podrían ser desvirtuadas o conducidas con base en los intereses de alguna potencia o de países vecinos. Por otro lado, el Brasil ha buscado participar sólo en Operaciones de Mantenimiento de la Paz, pero no en Operaciones de Imposición de la Paz.

Desarme y no proliferación: una perspectiva brasileña

Con el depósito, por el Brasil, de su instrumento de adhesión al Tratado de No Proliferación Nuclear (TNP), el 18 de septiembre de 1998, pasó el país a integrar los principales fueros e instrumentos relativos a desarme y no proliferación.

La referencia básica de la política brasileña sobre la materia pasó a ser la Constitución Federal de 1988, que por su artículo 21 prohibe definitivamente la utilización de la energía atómica para fines que no sean los exclusivamente pacíficos. En conformidad con la Constitución, Brasil asumió una serie de compromisos internacionales que dan garantías jurídicas de no fabricar o adquirir armamento atómico.

En cuanto a las demás categorías de armas de destrucción masiva, Brasil es uno de los miembros originarios de la organización para la Prohibición de Armas Químicas (OPAQ), creada en abril de 1997, y encargada de acompañar la implementación de la Convención de 1993 sobre el tema (CPAQ). La CPAQ, que entró en vigencia el 29 de abril de 1997, constituye un instrumento modelo en el campo del desarme, pues prevé la eliminación de todo ese tipo de armas en forma universal.

Con respecto a la Convención para la Prohibición de Armas Biológicas, de la cual Brasil es parte desde 1973, el país ha participado activamente en los debates sobre su fortalecimiento, los cuales se realizan en el marco de un Grupo *ad hoc*. El Grupo *ad hoc* deberá presentar el texto del protocolo adicional de verificación de las obligaciones asumidas en la convención antes de la próxima Conferencia de Revisión de la CPAB, a realizarse en el año 2001.

Los compromisos brasileños en el campo de la no proliferación de armas de destrucción masiva fueron extendidos, en 1995, al campo de los vehículos lanzadores de esas armas (misiles de largo alcance) con la adhesión del país al Régimen de Control de Tecnología de Misiles (MTCRT). Como contrapartida de ese compromiso, ya se pueden notar beneficios en lo que respecta a la cooperación en el campo espacial para fines pacíficos, particularmente en el programa brasileño del Vehículo Lanzador de Satélites (VLS). Otro régimen de no proliferación al que el país se adhirió en abril de 1996, fue el Grupo de Suplidores Nucleares (NSG). A ejemplo de lo que se puede decir con respecto al MTCR, la participación brasileña en el NSG contribuye para una mayor inserción del país en los debates sobre el comercio de tecnologías sensibles y en los flujos internacionales de intercambio de esas tecnologías para fines pacíficos.

En términos de defensa regional, Brasil es parte del Tratado de Tlatelolco y de la Zona de Paz y de Cooperación del Atlántico Sur, teniendo también su propia Agencia Brasileña de Contabilidad y Control. En forma general, Brasil y Argentina adoptan un globalismo integrador de los mecanismos globales existentes, fuesen ellos de vocación universal (TNP, CTBT), o de participación más restringida (MTCR); ahora parece llegada la hora de que el Brasil y América Latina busquen un papel con propósitos, a través del cual participen con iniciativas y con propuestas de cambios substanciales en el funcionamiento del sistema internacional.

El Brasil y la seguridad hemisférica

La busca de la definición de una nueva política de seguridad hemisférica, que incluya la adopción de medidas de fortalecimiento y confianza, surgió en los 90. El surgimiento de una iniciativa de esa naturaleza puede ser interpretado como resultado directo de una conjunción histórica de circunstancias: la vuelta de los regímenes políticos democráticos a casi la totalidad del continente, la retomada más o menos generalizada del crecimiento económico, después de la denominada "década perdida", y el incremento de las relaciones de cooperación e integración regionales.

A pesar de las condiciones políticas favorables, ya mencionadas, la persistencia de temores y asimetrías ha debilitado el impulso de llegar a la definición de un esquema de seguridad hemisférica. Esa búsqueda requiere coincidencias con respecto a cuáles son las amenazas comunes y de definición de reglas de juego claras. Los países de la región, por su propia experiencia histórica, continúan suspicaces sobre las intenciones de sus vecinos, cuestionando el nivel de la real naturaleza, así como la propia estabilidad de la democracia alcanzada por los socios del hemisferio y sospechando del papel directo o indirecto de los Estados Unidos.

Otro punto de fragilidad para alcanzar acuerdos en el campo de la seguridad es definir la institución regional que se encargue de tal objetivo. La OEA emerge, naturalmente, como la organización que reúne las condiciones más apropiadas, hasta porque, entre los propósitos de su Carta, está la prevención de conflictos. Sin embargo, durante años, la OEA fue considerada un organismo inoperante, paralizado por sus asimetrías, y sensible a las presiones y demandas norteamericanas. La hegemonía de los EUA no permitía una coparticipación equilibrada entre intereses y responsabilidades. Por eso se cuestiona que la OEA, institución de seguridad construida en la Guerra Fría, sea la más apropiada. Junto con el Tratado de Rio (TIAR) y la Junta Interamericana (JID), que eran acuerdos militares basados en las concepciones bipolares, la agenda política de cooperación no cuenta con los instrumentos adecuados en una lógica Post-Guerra Fría. Además, la reputación de debilidad e incapacidad de esas entidades es sobradamente conocida, cuando hay contradicción entre relevantes intereses.

A pesar de su señalada inoperancia, la OEA viene tratando el tema desde 1991, con la adopción del "Compromiso de Santiago" y la "Renovación del Sistema Interamericano". Por ese compromiso, los Estados miembros deciden dar inicio a un proceso de reflexión conjunta sobre seguridad hemisférica a la luz de las circunstancias mundiales y regionales. La importancia del tema suscitaría la sustitución de la Comisión sobre Seguridad Hemisférica, creada en 1992, por otra comisión de carácter permanente: la Comisión de Seguridad Hemisférica (CSH), volcada hacia el tratamiento exclusivo del tema.

Brasil viene tomando posiciones contrarias a iniciativas que tenderían a militarizar la OEA, habiendo hasta contribuido para hacer prevalecer el entendimiento de que no habría, en realidad, motivo para que se alterase la relación instituciones entre la JID: la eventual actuación de las Fuerzas Armadas brasileñas en determinadas áreas como la del combate al narcotráfico, la de la protección al medio ambiente en determinadas áreas, como desastres naturales, podría vulnerar preceptos constitucionales. Además, duplicaría, innecesariamente, la competencia de los órganos multilaterales existentes.

Para Brasil, las diferencias de contexto estratégico en las tres Américas no permiten un abordaje único en el campo de la seguridad. Sugieren aún la múltiple inserción hemisférica. Cada una de las regiones posee condicionantes propios. Sería imposible aplicar consideraciones, por lo tanto, válidas al mismo tiempo tanto para los Estados insulares, que viven preocupaciones singulares, como para países de grandes dimensiones territoriales o posición geográfica estratégica.

El continente se organiza bajo la forma de un mosaico complejo de países y subregiones, que demandan políticas deliberadas de armonización de intereses.

Estas diferencias no deben servir, sin embargo, de obstáculo para la formulación de iniciativas comunes, mediante la identificación de puntos de convergencia que permitan el establecimiento de una política efectiva de seguridad hemisférica. La consolidación de un nuevo enfoque para el tema se fundamentaría en la actual vocación democrática de los países de la región y en políticas sostenibles a largo plazo. Será así necesario que estas condiciones adquieran solidez, en una perspectiva temporal. Con respecto al tema de los llamados ilícitos transnacionales, que constituyen las "nuevas amenazas externas", el gobierno brasileño estima que ese cuadro aconseja un enfoque integrado, que se traduce en la adopción de iniciativas hemisféricas tales como la "Convención Interamericana Sobre Tráfico Ilícito de Armas de Fuego", el "Plan de Acción sobre Cooperación Hemisférica para Prevenir, Combatir, y Eliminar el Terrorismo", y la "Estrategia Hemisférica Anti-Drogas". Sobre el particular, es importante señalar que la posición del Brasil ha sido la de preservar las Fuerzas Armadas para evitar que se involucren directamente en el combate al terrorismo, al narcotráfico y al crimen organizado. Su contribución debe restringirse al apoyo logístico y de inteligencia, inclusive para no vulnerar preceptos constitucionales.

El establecimiento de un diálogo multilateral en el área de la defensa continental se originó en una iniciativa norteamericana, formalmente formulada por primera vez en 1992, en el ámbito de la Comisión de Seguridad Hemisférica de la OEA y, posteriormente, en los trabajos de preparación de la Primera Cumbre de las Américas. El Brasil y otros países como México, Chile y Uruguay se resistieron a aceptar un encuentro de tal naturaleza. Acabó prevaleciendo la posición norteamericana al argumentar que el fin de la Guerra Fría y las perspectivas de la cooperación hemisférica eran la ocasión para una reflexión sobre prevención de crisis futuras. Se realizó así, en junio de 1995, en Williamsburg, Estados Unidos, la Primera Reunión Ministerial de Defensa en que ese país alineó los denominados "Principios de Williambsburg", principios éstos que deberían orientar las actividades regionales en la materia. Además de esa reunión, hubo dos más, en Bariloche (1996) y Cartagena de Indias (1998). El gobierno brasileño considera positiva la participación del Brasil en las Reuniones de Ministros de Defensa del Hemisferio, vistas no como foro de consultas, pero sí como foro de intercambio de ideas en materia de seguridad hemisférica, con base en los principios consagrados por la OEA. El país atribuye particular importancia al objetivo de procurar evitar posibles duplicaciones de funciones de la Reunión de Ministros de Defensa, con otros mecanismos hemisféricos ya existentes. Como puede observarse, toda esta temática continua muy fluida.

El Brasil y la seguridad continental

La lectura geográfica del entorno estratégico brasileño es compleja y, algunas veces, contradictoria. Las dimensiones continentales del Brasil y la diversidad de sus desafíos no permiten un enfoque absolutamente preciso del tema.

Esta escasez de amenazas concretas resulta en buena parte también de la política de seguridad internacional llevada a cabo por el país, que se ha presentado como una nación pacífica, segura y satisfecha, por lo menos desde el punto de vista de los conflictos de tipo "tradicional" (por demanda de territorio). El Brasil no padece inseguridad en forma significativa frente a sus vecinos, sino al contrario, sufre la necesidad de no despertar en ellos temor, a partir de su avasalladora presencia física en el Continente.

Aparte de tener relaciones extrarregionales diversas, el gobierno brasileño trabaja en tres frentes estratégicos distintos, si se toma la geografía física como base analítica: el Frente del Plata, el Frente Amazónico y el Frente Atlántico. Esos frentes establecen contextos peculiares, como el desarrollo de estrategias específicas que, desde el punto de vista de Brasilia, destacan su amplitud geográfica y la complejidad temática del proceso de presencia regional brasileña.

El Frente Amazónico

La región amazónica es foco de especial atención por parte del gobierno brasileño en cuanto a la política de seguridad internacional y, como se verá más adelante, constituye una prioridad de la nueva Política de Defensa Nacional.

En el contexto Amazónico, en la prolongación que se extiende desde Bolivia hasta la Guyana Francesa, se puede observar la existencia de dos tipos de problemas distintos.

El primero de ellos resulta de la dificultad de establecer mayor intercambio transnacional en la propia línea fronteriza, que pudiese tener impacto político para reproducir un modelo integrador similar al que se está desarrollando en el Frente del Plata. Las distancias, el complejo medio ambiente de la selva tropical y la infraestructura logística precaria constituyen unas de las tantas dificultades para el comercio como módulo integrador. De allí resulta la multiplicación de ilícitos internacionales como contrabando, tráfico de drogas, circulación ilegal de personas, y la posibilidad de instalación en la región de los focos de guerrillas "exportadas" de países que se encuentran bajo amenaza de movimientos de insurrección (Sendero Luminoso, en Perú; FARC y ELN, en Colombia).

En 1999, esa problemática tomó dimensiones especiales al agravarse la situación interna colombiana. La coyuntura actual en dicho país está caracterizada por una recesión profunda, por el desprestigio del liderazgo civil y de la propia función presidencial, por la presencia de una guerrilla cada vez más numerosa, audaz, bien armada, asociada de múltiples maneras con el narcotráfico, y por la actuación de grupos paramilitares de acción agresiva, vinculados al narcotráfico o a facciones del Ejército, o tal vez a ambos —tan difícil es precisar el grado de infiltración de los grupos interagentes. La crisis colombiana pasó a integrar una de las prioridades en la agenda regional, dado el riesgo de su "internacionalización".

Los Estados Unidos consideran que la situación interna colombiana estaría escapando del control militar doméstico. Washington amplió considerablemente la ayuda militar a las Fuerzas Armadas colombianas, pero la evaluación de los enfrentamientos ocurridos no puede dar certeza de los resultados finales del conflicto. Resultan de ellos dos escenarios de mucha gravedad para la seguridad continental: los Estados Unidos se verían tentados a intervenir directamente en el conflicto interno, o a recurrir al sistema interamericano para hacerlo.

En ese contexto, Brasil ha sido instado a tomar una posición. El gobierno brasileño habría llegado, inclusive, a ser contactado por miembros de las FARC, que hoy controlarían parte significativa de territorio colombiano, con miras a un reconocimiento político (a cambio, sus representantes se comprometerían a no extender las actividades del movimiento a territorio brasileño).

Con respecto al tema, Itamaraty ha manifestado la observancia del principio de no intervención por tratarse de un asunto interno colombiano. Brasil no se siente con "responsabilidad" por el problema colombiano, no postula "liderar" ninguna acción internacional, y no se ha inclinado a apoyar la presencia de tropas extranjeras en Colombia.

La cuestión colombiana acabó por generar otros desdoblamientos, como el patrocinado por las declaraciones del Presidente Menem, en agosto de 1999, de que su gobierno, si se lo solicita Colombia, enviaría tropas para auxiliar en la pacificación de dicho país. A pesar de haber sido denegado posteriormente, el anuncio de Menem estimuló la especulación, alimentada por la misma prensa argentina, de que el país estaría involucrado en articulaciones con los Estados Unidos para una intervención en Colombia. A pesar del desmentido, la iniciativa del ejecutivo argentino desagradó al gobierno brasileño por ser un indicio, que se agregaba a otros, de que la Argentina, en materia de seguridad Internacional, no sólo no concertaba previamente con Brasil cuestiones de interés mutuo, sino que muchas veces se colocaba en posición contraria a nuestro pensamiento, a través de iniciativas no siempre sutiles. Con la asunción del Presidente de la Rúa, la problemática colombiana está seguramente en la pauta de debates que Buenos Aires deberá tratar con Brasilia, ya que el tema continuará siendo una prioridad en la agenda de seguridad nacional y regional.

La segunda dificultad en el frente amazónico está en el hecho de que la cuestión ambiental puede llegar a tornarse un problema de seguridad internacional para el país, si prevalece el juicio de acción política externa, en el caso de que la comunidad internacional estime que el gobierno brasileño no es capaz de eludir el riesgo de destrucción ambiental.

Si consideramos la biodiversidad, las riquezas del subsuelo y, sobre todo, el hecho de que 80% del agua potable disponible en el mundo (excluidos los cascos polares) están en los ríos y lagos de la Amazonia y que el agua será una *commodity* disputada en el siglo XXI, no será difícil entender la razón por la cual la Amazonia se ha convertido en asunto prioritario de seguridad nacional.

Desde la década del 80, intensas campañas fueron hechas en gran parte del mundo considerando el territorio como "pulmón de la humanidad" y "patrimonio universal", argumentos refutados por los países amazónicos, que mostraban la disposición de no admitir interferencias en sus espacios. La idea de la creación de un Estado Yanomani, entre Venezuela y Brasil, fue fuertemente rechazada en nombre de la soberanía nacional. Percibían los gobiernos locales que, tras ese discurso de internacionalización de la región y de la preservación del medio ambiente, incluidos en ellos las poblaciones silvícolas, persistían inconfesables intereses, como la apropiación de riquezas minerales y del notable —en verdad mayor— banco genético del orbe.

En los años 70, ya preocupado con el tema, Brasil habría copatrocinado la creación del Tratado de Cooperación Amazónica, firmado en 1978, que abarca ocho países de la región. El instrumento, entre otras finalidades, tiene como objetivo la preservación del patrimonio económico regional. Ya en 1985, el gobierno, por entender que las medidas adoptadas en la región todavía eran insuficientes, elaboró un plan de ocupación, refuerzo de las fronteras y protección de la Amazonia brasileña que pasó a ser conocido como proyecto "Calha Norte", el cual asociaba ideas geopolíticas ante el apremio, que ya se postulaba, de ocupación racional de la Amazonia. En mayo de 1989, los países de la región firmaron la Declaración de la Amazonia en la cual reafirman "el derecho soberano de cada país a administrar libremente sus recursos naturales", en contraposición a las propuestas de soberanía compartida hechas por el ex presidente francés François Mitterand.

En el ámbito de la seguridad, la ocupación de la Amazonia tendría un respiro con el proyecto Sistema de Protección de la Amazonia —Sistema de Vigilancia de la Amazonia— SIMPAM/SIVAM. Ese proyecto, presupuestado en 1.400 millones de dólares, presenta las siguientes finalidades: protección a los vuelos y control del tráfico aéreo, vigilancia ambiental, recolección de datos vía satélite, mapeo de selvas y áreas quemadas, control de tráfico de estupefacientes. Para ejecutar dichas tareas serán instalados radares fijos y movibles, aerotransportados.

La Amazonia, merced su complejidad y especificidad ecuménica, apela a consideraciones económicas, políticas, militares, ambientales y estratégicas (privilegiadas en la concepción del desarrollo sostenible y derivaciones subsiguientes). Bajo el ángulo dado por los tópicos que buscamos alinear, constituye una preocupación de no menor gravedad, de la cual existe una creciente toma de conciencia.

El Frente del Plata

El segundo frente geoestratégico brasileño es la Cuenca del Plata, situada en la proyección del Cono Sur. Como ya fue señalado, los cambios ocurridos a nivel global, regional y doméstico, alteraron significativamente el nivel de tensiones existentes en la subregión, substituyéndolo por la dinámica de la integración.

La dinámica de la integración, en su vertiente comercial y económica, no es la misma en el campo estratégico. Ello obedece a estímulos de otra naturaleza, entre ellos la de la propia percepción de amenaza, que puede acelerar o no esa integración. La cooperación técnica militar Brasil-Argentina antecede a la actual etapa de integración económica y no parece haber estado necesariamente subordinada a la dinámica de ésta, como fue el caso de la Operación Fraterna, entre las dos Armadas, que tuvo sus inicios en 1978.

En ese contexto, el *Memorandum* de Entendimiento entre Brasil y Argentina, firmado en 1997, para consultas periódicas sobre seguridad internacional y defensa, carece de operacionalidad más tangible. Constituye actualmente un simple intercambio de informaciones que podría aún ocurrir a través de mecanismos diplomáticos previamente existentes. De cualquier manera, el hecho de que los dos países no hayan utilizado esos mecanismos desde la Reunión de Itaipava, en agosto de 1997, refleja las dificultades existentes en el proseguimiento de ese diálogo. El impasse existente levanta la cuestión de la profundización de las relaciones de los dos países en el campo de la seguridad y defensa.

El Frente Atlántico

El tercer frente de proyección estratégico está compuesto por el Océano Atlántico y por el margen Oriental de África, que se sostiene por una arquitectura histórica fragmentada, lazos bilaterales tenues y la retórica de la formación de la Zona de Paz y Cooperación del Atlántico Sur (Zopacas).

Relaciones Brasil-Estados Unidos

La historia de ese relacionamiento militar es larga y tradicional, habiendo variado desde el período de cooperación durante la Segunda Guerra Mundial, cuando Brasil disponía de relativa importancia estratégica para los Estados Unidos, hasta momentos de cierta confrontación que llevarán a la denuncia del acuerdo militar firmado en 1952.

Las relaciones con los Estados Unidos parecen, así, variar en conformidad con la manera con que el Brasil evolucione, habiéndose, por ejemplo, entrado en tensión en los 70 y 80, cuando, en la visión norteamericana, Brasil era considerado un país-problema, caracterizado por inestabilidad política y económica, por lagunas en la observancia de los derechos humanos y de la protección del medio ambiente, y por una política de resistencia en áreas sensibles, como la no proliferación.

Será sólo a partir de fines de la década del 80, cuando el Brasil vuelve a ser una democracia y substituye algunas posiciones principistas por una mayor inserción en el nuevo orden mundial, que los Estados Unidos comienzan a cambiar dicha visión. Desde una óptica estratégica, el Brasil deja de ser visto como una nación con pretensiones hegemónicas regionales para ser percibido como factor de estabilidad política en América del Sur. La colaboración y el apoyo norteamericanos a la actuación brasileña en crisis como la paraguaya en 1996, o en el conflicto Perú-Ecuador, dan bien la medida de la creciente percepción en el gobierno y, en parte, en la sociedad norteamericana, del papel de moderación y equilibrio que el Brasil tiende a desempeñar en el continente.

Como señala en su informe de gestión el Embajador Paulo Tarso Flecha de Lima: "esto no quiere decir que las desconfianzas hayan sido totalmente eliminadas ni tampoco que no haya áreas de rivalidad o temas en que los dos países se opongan. La ambigüedad con que las autoridades norteamericanas evalúan el Mercosur, por ejemplo, refleja diferencias de percepción dentro del gobierno norteamericano y, por lo tanto, resquicios de recelo en cuanto a un papel excesivamente protagónico del Brasil en la economía sudamericana".

Es verdad que aún se percibe un clima de cierta desconfianza de las Fuerzas Armadas brasileñas en razón de algunas actitudes del Comando Sudamericano, especialmente la realización de maniobras militares en las proximidades de la frontera norte del Brasil. Sin embargo, el gobierno brasileño ha aunado esfuerzos en el sentido de mantener un permanente diálogo entre autoridades militares de los dos países.

La resistencia que se puede identificar en algunos sectores de las Fuerzas Armadas (más intenso en el Ejército, bastante atenuada en la Aeronáutica) no impidió la cooperación militar con los Estados Unidos, que está presente en las Reuniones Militares, en la participación de oficiales de la Marina brasileña en la Academia Naval de Anápolis, en la operación UNITAS.

La visita del Secretario William Cohen al Brasil, en noviembre último, cuando negoció la creación de un grupo de trabajo bilateral sobre defensa, es un ejemplo de que las relaciones bilaterales llegaron a un punto de equilibrio que corresponde a la preservación, con realismo, de los objetivos: valores nacionales y la percepción de que el reconocimiento de la hegemonía norteamericana no impide o excluye la defensa y preservación del interés nacional brasileño.

Política de defensa

Al finalizar en Brasil el régimen militar con la elección del primer presidente civil, en 1985, las instituciones castrenses no consiguieron retomar el papel denominado por Alfred Stepan de "patrón moderador" que había caracterizado su actuación durante gran parte de la vida republicana hasta 1964. Ese pasado período implicaba una situación en que los militares se sentían autorizados, por la historia nacional y por su manera de estar en el mundo, a interferir en el escenario político para estimular o vetar procesos en curso, mientras facciones políticas civiles se acomodaban a tales iniciativas castrenses y, frecuentemente, las estimulaban en el juego de sus propias alianzas e intereses.

Por otro lado, si los militares no retomaron el "papel moderador", tampoco los civiles consiguieron, al principio, imponerse completamente a las Fuerzas Armadas. A esa situación transitoria, de equilibrio ambivalente, Eliezer Rizzo de Oliveira denominó "tutela militar". Esa tutela no es, sin embargo, absoluta, como se puede verificar durante la elaboración del texto constitucional de 1988, en que los militares, como cualquier actor político influyente, interfirieron en las negociaciones de temas de sus intereses, pero no fueron más los determinantes absolutos (como lo habían sido en los Actos Institucionales) del texto final. De una forma general y a despecho de ciertas oscilaciones, la tutela retrocedió.

En la expectativa de crear mayor subordinación militar al poder civil, durante el gobierno Collor de Mello se llegó a formular tres planes concretos de acción: el corte presupuestario y control civil de los programas de tecnología militar, la adhesión a los regímenes de no proliferación y la integración de las tres armas subordinadas a un solo Ministerio de Defensa, dirigido por una autoridad civil. Collor desactivó el Servicio Nacional de Información, símbolo de una institución que interfiriera en la vida de la sociedad civil durante el gobierno militar. El desarrollo del tópico fue suspendido por la salida de Collor.

Durante el período del Presidente Itamar Franco y bajo las nuevas circunstancias de estabilidad política, las propuestas de la Administración Collor de transformar las relaciones civil-militares sufrieron un retardo.

Un cambio importante, sin embargo, se opera. El pensamiento estratégico-militar se fue consolidando a partir de una más estrecha conexión de política exterior y seguridad. El órgano gubernamental clave en ese proceso fue la Secretaría de Asuntos Estratégicos que, aunque haya sido creada durante el gobierno Collor, en 1990 adquirió importancia mayor durante la Administración de Fernando Henrique Cardoso.

El punto de inflexión en el proceso de desarrollo del pensamiento estratégico brasileño fue dado por la definición de la nueva política de defensa nacional del país. En noviembre de 1996, el Presidente Fernando Henrique presentó el primer documento sobre política de defensa elaborado por un gobierno elegido democráticamente. El texto fue preparado por la Cámara de Relaciones Exteriores y Defensa Nacional (CREDEN), órgano compuesto por civiles y militares, y creado para tal fin en el ámbito del consejo de gobierno. El documento fue redactado en el plazo de 30 días desde la creación del comité y refleja el grado de convergencia entre los distintos sectores sobre una concepción integrada de defensa frente a amenazas externas.

El principal elemento innovador de la Política de Defensa Nacional es la definición de una política de defensa sostenible, donde se correlacionan la seguridad del Estado y el bien de la sociedad. Las necesidades de defensa del país están relacionadas con la construcción de un modelo de desarrollo que fortalezca la democracia, reduzca las desigualdades sociales y los desequilibrios regionales, de forma que las necesidades de defensa y de política externa estén en armonía con las prioridades nacionales.

La postura brasileña, tal como se expresa en el documento, está basada en una estrategia de disuasión de carácter defensivo y en el enfoque preventivo centrado en la acción diplomática. Sus premisas son la existencia de fronteras perfectamente definidas, la estrecha relación con los países vecinos y con la comunidad internacional y el rechazo a la guerra de conquista y la búsqueda de solución pacífica de controversias (el uso de la fuerza sólo como recurso de autodefensa). Esos conceptos buscan dar a la política de defensa credibilidad y confiabilidad, interna y externamente.

En lo que respecta a las Fuerzas Armadas, la política de defensa postula que el aparato militar se ajuste al *status* político-militar del país y que sus estructuras adopten una modalidad flexible, para su rápido y eficaz desplazamiento. Se prescribe una organización integrada y racional de las Fuerzas Armadas con miras a su acción. La política de defensa nacional constituye un documento de contenido más elevado y abarcador que la política militar *stricto sensu*, al incluir consideraciones de política externa y estrategias sectoriales de desarrollo.

Para algunos científicos sociales del área militar, como Domício Proença Júnior y Eugênio Diniz, la nueva política de defensa nacional no llega a constituirse en *policy*, esto es, una herramienta que instruye la atención de metas políticas. Se trataría, según aquellos autores, de una armonización de perspectivas entre las diversas agencias gubernamentales conectadas, directa o indirectamente, a la cuestión de la defensa, subordinándolas, en forma explícita, a las directivas constitucionales.

Para ellos, el documento sobre política de defensa "tiene valor más por lo que excluye del debate sobre defensa que por un papel normativo en la formulación de una política específica. El documento instituye las bases de una política declaratoria al comunicar la interpretación del gobierno brasileño sobre los límites constitucionales legales y los resultantes de tratados, dentro de los cuales se erigiría la política de defensa".

Habría, sin embargo, aún entre algunos críticos de la actual PDN, el entendimiento de que el documento se constituye en un marco a partir del cual se puede, realmente, debatir lo que sea una política de defensa brasileña. En el campo externo, el anuncio de una nueva política de defensa del Brasil fue recibido favorablemente en la Argentina. El Brasil —y este es uno de los puntos más relevantes del documento— daba prioridad a la cuestión Amazónica; el Plata deja de ser una hipótesis de conflicto principal.

En septiembre de 1997, el Presidente de la República determinó, en la reunión de la CREDEN en el ámbito del Consejo de gobierno, la creación del Ministerio de Defensa, implementado entre octubre y diciembre de 1998, y la consiguiente extinción de los Ministerios de Ejército, Marina y Aeronáutica.

A fines de 1998, después de intensos trabajos a los que se asociaban civiles y militares, fueron establecidos los fundamentos legales y conceptuales para la creación del Ministerio de Defensa. El 9 de junio de 1999, por Ley Complementaria nº 97, se creó el cargo de Ministro de Defensa y, por la enmienda constitucional nº 23, de 2 de septiembre de 1999, el propio Ministerio de Defensa.

Un Ministerio de Defensa, como el recientemente creado en Brasil, tiene dos funciones básicas: la primera es como agencia de intermediación que torna operativo el principio democrático de la subordinación del poder militar al poder civil, entendido como poder político. En ese sentido, es un instrumento de consolidación democrática, porque establece normas y prácticas que institucionalizan el respeto a las leyes y su acatamiento de las formas democráticas de gobierno. La segunda es conducir tres Fuerzas que, en cierta medida, se emulan —y atienden peculiaridades de su arma— a servir a una única política, con mejor coordinación e integración de medios y esfuerzos.

Así como en el caso de la formulación de la política de defensa, la creación del Ministerio de Defensa fue objeto de algunas críticas, sobre todo en el campo académico, por la forma en que la cuestión fue discutida en el ámbito de la CREDEN, donde la presencia masiva de militares alimentó la sospecha de que el nuevo Ministerio no era otra cosa que una *assamblage* de las instituciones e intereses preexistentes (esas críticas serán analizadas en forma minuciosa en capítulo subsiguiente). De cualquier manera, para el gobierno —y sus aliados— la creación del Ministerio de Defensa constituyó un importante paso más en el sentido de consolidar la predominancia del poder civil en Brasil.

La situación actual de las Fuerzas Armadas en Brasil

El efectivo militar del país es de 313 mil personas, estando 195 mil en el Ejército, 68 mil en la Marina y 50 mil en la Aeronáutica. El presupuesto militar total se sitúa debajo del nivel del 2% del Producto Bruto Interno, lo que representa un dispendio de menos de 100 dólares por habitante. El examen de la participación en los ministerios militares del presupuesto del Estado Nacional muestra una curva descendente en las últimas cuatro décadas, con dos breves intervalos de recuperación en los años 70. Los gastos en seguridad y defensa son del orden de los 15 mil millones de reales, con aproximadamente 80% de ese valor destinado al pago de personal, inactivos y pensionados.

Brasil confía en la disuasión que su poder y su dimensión pueden significar. Los enemigos militares convencionales, o son demasiado débiles para hacer frente al país, o demasiado fuertes. En el campo de la defensa hay dos tipos de problemas: el primero es asegurar el control del Estado sobre territorio y población (en ese punto se incluye el tema de la amenaza terrorista y problemas de desestabilización sociopolítica); el segundo es el mantenimiento de la presencia en zonas fronterizas atrasadas. Como ya se señaló, en los últimos años han crecido en importancia los temores frente a un posible "desborde" de los conflictos que afectan a Colombia, Perú y Suriname, así como el traslado del campo de operaciones del narcotráfico a esas zonas limítrofes. El peligro que circunda la región no es la agresión de un Estado vecino, sino la posible filtración de entidades paraestatales o guerrilleras, o narcotraficantes, o hasta una mezcla explosiva de ambas.

Las Fuerzas Armadas brasileñas desarrollan un esfuerzo intenso para asegurar la logística y la diseminación de unidades especiales de lucha en la selva. Desde el de vista de la modernización militar *stricto sensu*, la tendencia de la opinión castrense es cada vez más favorable a la idea de un ejército de cuadro, compuesto por pequeñas unidades altamente entrenadas y eficientes, formando un esqueleto básico sobre el cual se articularía, en una emergencia, la movilización nacional más amplia de reclutas y reservistas. La creación y fortalecimiento de cuerpos especiales, brigadas de luchas en la selva, paracaidistas y cuerpos de ingeniería altamente sofisticados, es en una expresión de esa línea de desenvolvimiento. Es, pues, la versión actualizada y adaptada al medio americano de la concepción de hace casi un siglo, de la *armée de métier* del entonces joven De Gaulle.

La Marina brasileña desea contar con capacidad para un sistema de defensa oceánica avanzada y con la posibilidad de desarrollar una escuadra de aguas profundas. La escuadra, que constituye el núcleo del poder naval, tiene sede en Río de Janeiro, donde están permanentemente activadas dos divisiones que, al hacerse a la mar para operaciones, reciben apoyo de las fuerzas de superficie y de submarinos. La Armada mantiene, también, en varios puntos del litoral y en las principales cuencas hidrográficas (Amazonas y Paraguay-Paraná), fuerzas de distrito capacitadas para realizar dentro de las respectivas áreas de responsabilidad, patrullajes costeros y fluviales, y protección a los puertos.

Para disuasión de conflictos, postula la Marina la propulsión naval nuclear. En ese sentido, y con recursos del Fondo Naval, desarrolló un programa nuclear cuya primera etapa, ya concluida, permitió el dominio del ciclo completo del combustible; la segunda etapa, el proyecto del submarino nuclear, se desarrolla en forma más lenta debido a sus elevados costos.

La Aeronáutica —la menor de nuestras fuerzas singulares— ha dado prioridad a una, aunque reducida, tecnológicamente moderna, capacidad de defensa aérea de sectores seleccionados para la ejecución de acciones limitadas, al servicio de estrategias de disuasión y defensa, lo que incluye aviones y misiles. Una formación así estructurada debe completarse con una bien distribuida infraestructura de bases y un eficiente sistema de sensores del espacio aéreo brasileño, este último necesario no sólo para la defensa nacional, sino también para apoyar el control de ilícitos y para la seguridad de la navegación aérea —una y otro en curso de ser implementados.

SEGURIDAD Y GEOPOLÍTICA EN AMÉRICA DEL NORTE. EL TRATADO DE LIBRE COMERCIO: REGIONALISMO VERSUS NACIONALISMO

Raúl Benítez Manaut[1]

El libre comercio y la geopolítica hemisférica

Con el fin de la Guerra Fría se ha producido una redefinición de los conceptos sobre seguridad hemisférica, subregional y nacional. En los países del hemisferio, incluidos aquellos que desplegaron sistemas de seguridad vinculados a conceptos extra-hemisféricos, como Estados Unidos, Canadá, Cuba y muchos países-islas del Caribe, se han rediseñado los conceptos de seguridad nacional y la forma en la que deben percibirse las nuevas amenazas que aparecen con la gradual desaparición del comunismo y socialismo como fuente de conflicto. Como un fenómeno paralelo, se da la emergencia de elementos y actores nuevos que tienen capacidad de desestabilizar a los países y al continente en su conjunto.

[1] Investigador del Centro de Investigaciones sobre América del Norte, Universidad Nacional Autónoma de México. Miembro del proyecto de investigación Paz y Seguridad en las Américas (Woodrow Wilson Center y FLACSO-Chile). Profesor del Instituto Tecnológico Autónomo de México, del Centro de Estudios Superiores Navales y del Colegio de Defensa Nacional de México. Autor de ensayos y artículos sobre militarismo y procesos de paz en Centroamérica, seguridad nacional y geopolítica de México (manaut@servidor.unam.mx y raulmanaut@hotmail.com).

Entre los elementos que transforman rápidamente las nociones de seguridad se da un desplazamiento de la geopolítica tradicional en el continente, revalorándose los elementos vinculados a la geoeconomía. En este contexto, los planteamientos integracionistas vuelven a ser el elemento que determina la forma en la que los países diseñan su participación en el cambiante sistema internacional. Esto se da en el sur del continente con el Mercosur, en la cuenca del Caribe con el fortalecimiento del CARICOM,[2] en Centroamérica con el nuevo impulso que cobra la integración subregional, avanzando la diplomacia del istmo en muchos elementos que superan el ámbito de lo económico-comercial, mediante una institucionalización notable en la integración política, social y en el nivel de la seguridad. En América del Norte este fenómeno arranca con la firma y entrada en vigor del Tratado de Libre Comercio entre Estados Unidos, Canadá y México (TLCAN), en enero de 1994.

Los países andinos se han quedado al margen de estos procesos integracionistas debido principalmente a su conflictiva situación política. Colombia, Venezuela, Perú y Ecuador son las naciones de América Latina que ven deterioradas sus relaciones políticas internas por una crisis muy notable de la llamada gobernabilidad. En Colombia, el incremento de las acciones de los grupos guerrilleros, principalmente las Fuerzas Armadas Revolucionarias de Colombia (FARC), y la gran capacidad desestabilizadora del narcotráfico en todos los niveles, desde el político y militar, hasta el económico y comercial, han impedido que el régimen político democrático pueda evolucionar y obstaculiza la posibilidad de integrarse a dinámicas subregionales o hemisféricas de apertura comercial. Perú no logra encontrar soluciones a su conflictiva situación política interna (a pesar de los anuncios de que se realizará un nuevo proceso electoral en 2001), y en Ecuador y Venezuela los sistemas políticos viven crisis sin precedentes en los últimos años. Esto ha tenido como consecuencia que los países andinos sean, en los años noventa, la principal región conflictiva del hemisferio, obstaculizando la posibilidad de que se formen sistemas de integración subregionales.

[2] En la cuenca del Caribe, Cuba es un país que está desvinculado de las dinámicas de integración comercial por la abierta oposición de Estados Unidos. En el caso cubano, en los años noventa se han transformado notablemente sus conceptos de seguridad y defensa, se modifica su sistema de seguridad, de las variables transnacionales vigentes durante la guerra fría, por su estrecha relación con la Unión Soviética, a una "nacionalización" de sus fuerzas armadas con el regreso de sus efectivos militares de Angola. La tendencia de cambio se da también con los procesos de paz en Centroamérica, consolidados en el primer quinquenio de los años noventa. Cuba había jugado un rol geopolítico muy importante en la cuenca del Caribe, principalmente por el respaldo al gobierno sandinista de Nicaragua y al régimen nacionalista de Panamá. En la actualidad Cuba tiene relaciones diplomáticas y comerciales normales con la mayoría de los países del hemisferio.

Desde 1994, con la entrada en vigor del TLCAN, se están modificando radicalmente los conceptos históricos de seguridad nacional de Canadá y México, y se ratifica el concepto geopolítico de América del Norte que tiene como epicentro a Estados Unidos. A nivel subregional, se confirma la ubicación de Canadá como un país norteamericano en todos los niveles, la posición central en que está ubicado Estados Unidos en lo económico-comercial, lo político y en el nivel de seguridad, y vuelve a aparecer el conflicto existencial que, en términos geopolíticos, está inmerso México: ¿es un país latinoamericano o norteamericano? ¿Sigue siendo México el clásico país "Mesoamericano"?, como fue definida esa palabra para describir las civilizaciones prehispánicas que abarcaban desde el centro-occidente de México (donde hoy se ubican los Estados de Jalisco, Colima San Luis Potosí y el norte de Veracruz) hasta Costa Rica, y que durante el período colonial, en términos geográficos se respetaron esas fronteras con el virreinato de la Nueva España, ¿o definitivamente se produce una ruptura histórica y civilizatoria con la pertenencia al TLCAN? De esta manera, si esta tendencia se consolida, en México se estaría rompiendo silenciosamente con más de 500 años de historia.

México geográficamente se ubica entre Estados Unidos y Centroamérica, pero la gravitación geoeconómica y, probablemente, geopolítica se dirige al norte, no obstante que el discurso estatal mexicano no abandona sus vínculos históricos, y las doctrinas de política exterior y defensa se sostienen en la defensa de la soberanía y la no intervención. En otras palabras, en lo comercial, lo cultural y en el nivel geopolítico y de seguridad, México ya es parte de Norteamérica, pero, diplomáticamente hablando, sigue siendo un país "latinoamericanista".[3]

Historia geopolítica de América del Norte: siglo XIX

"América del Norte" tradicionalmente se había usado como un concepto solamente geográfico. Se empleó marginalmente por algunos autores clásicos de la geopolítica de Estados Unidos como una herramienta que apoya su expansión territorial en el siglo XIX contra las ambiciones territoriales europeas, concibiendo a México de forma marginal como un "Estado Cojín":

[3] Este latinoamericanismo de la diplomacia mexicana incluso ha sido ratificado por el presidente electo, Vicente Fox, en su primera gira de trabajo, viajando a América del Sur en el mes de agosto del año 2000, antes que a Estados Unidos.

"El flamante poderío nacional se manifestó al mismo tiempo en el norte y en el sur. En el norte, con la compra de Alaska; en el sur, con la coacción ejercida sobre Francia para que retirase de México sus tropas. Francia transformó una acción conjunta de desagravio, motivada en justas quejas y emprendida por Francia, Inglaterra y España, en una intervención que convirtió a México en una monarquía y situó a Maximiliano sobre el trono, en calidad de Emperador. Napoleón III soñaba en crear un gran Estado de Centroamérica y la parte norte de Sudamérica, bajo la protección de Francia. La aventura mexicana emprendida cuando Estados Unidos estaba empeñado en su guerra civil y era impotente para actuar, había de ser punto de partida de empresas de mayor alcance. Disturbios políticos acaecidos en México durante los años que precedieron a la guerra civil habían engendrado allende la frontera el deseo de intervenir y de someter a este turbulento país a la dirección de Norteamérica. La intervención francesa daba al traste con el proyecto. (...) México constituía un pequeño Estado fronterizo y, por ende, un «Estado cojín», creando al sur una gran unidad política capaz de dominar el Mar Caribe. En fin, la aventura mexicana era toda ella un reto a la doctrina de Monroe."[4]

De forma paralela, durante el siglo XIX, para Canadá el poder de Estados Unidos fue el principal desafío a su seguridad, y sólo hasta que gradualmente se reestablecieron las relaciones estratégicas entre Estados Unidos y Gran Bretaña, Canadá logró estabilizar y normalizar sus relaciones con su vecino del sur:

"Los canadienses vislumbran y entienden instintivamente que la única y real amenaza a su existencia como nueva nación proviene de Estados Unidos. Después de una breve guerra con Rusia en 1877, las amenazas más serias son con Estados Unidos (...), mientras la membresía al imperio británico fue la única garantía posible para poder asegurar la sobrevivencia".[5]

De esta manera, tanto en México como en Canadá, los factores vinculados a la vecindad con Estados Unidos determinan en gran medida su de-

[4] Spykman, N. J., *Estados Unidos frente al mundo,*. FCE, México, 1944, p. 78.
[5] Klepak, H. P., *Natural Allies? Canadian and Mexican Perspectives on International Security*, Carleton University Press & Canadian Foundation for the Americas, Ontario, 1996, p. 36.

finición geopolítica, que ha oscilado entre el concepto de "aliado estratégico" y "vecino cercano pero distante" en las relaciones con la gran potencia.

Tanto México como Canadá durante el siglo XIX, tuvieron que enfrentar la consolidación del Estado-Nación frente a Estados Unidos. En 1812, Canadá apoyó el esfuerzo militar inglés colaborando en el ataque a la ciudad de Washington y, posteriormente, definió su sistema de defensa mediante la protección militar inglesa agregado a un sistema de milicias defensivas, para hacer posible la resistencia a los constantes intentos de Estados Unidos por ampliar su territorio al norte, principalmente en las fronteras de Maine-New Brunswick, New Hampshire-Quebec y Ontario-Minnesota.[6] En el caso de México, al no gozar de protección imperial y por estar su territorio norte totalmente despoblado, las fronteras se redefinieron con la guerra de 1846-1848, perdiendo más de 2 millones y medio de kilómetros cuadrados de su territorio, que hoy comprenden los estados de California, Arizona, Nuevo México y Texas. Esta geopolítica defensiva de sobrevivencia gradualmente va transformándose en ambos países ante la gran potencia.

En el caso de Canadá, los vínculos estratégicos que se diseñan con Gran Bretaña la llevan a una participación temprana en la Primera Guerra Mundial desde su inicio en 1914. El acercamiento entre Canadá y Estados Unidos se ve favorecido por los vínculos culturales y civilizatorios. De esta manera, desde fines del siglo XIX y durante el siglo XX, Canadá establece su geopolítica entre tres potencias: Gran Bretaña (mediante su membresía a la comunidad británica de naciones), Estados Unidos y Rusia-Unión Soviética.

Entre Estados Unidos y México, el inicio de las relaciones bilaterales está determinado por el conflicto entre la expansión (Estados Unidos) y la sobrevivencia (México) durante la primera mitad del siglo XIX. Este binomio tiene su clímax con la guerra y los tratados de paz firmados el 2 de febrero de 1848.[7] Uno de los elementos más importantes de la guerra entre México y Estados Unidos fue, que por vez primera, Estados Unidos hacía una guerra fuera de sus fronteras y comenzaba a esbozar lo que después serían sus doctrinas de defensa y seguridad. El presidente Polk, en palabras al Congreso pronunciadas el 5 de diciembre de 1848, señala:

[6] Nossal, K. R., "Congress and Canada", en Pastor, R. y Fernández de Castro, R. (editores) *The Controversial Pivot. The U.S. Congress and North America*, Brookings Institution Press, Washington, 1998, p. 53.

[7] "Tratado de Guadalupe-Hidalgo", también conocido como "Tratado de paz, amistad, límites y arreglo definitivo entre la República Mexicana y los Estados Unidos de América", en *EUA. Documentos de su Historia Política*, Vol. 2, Instituto Mora, México, 1988, p. 191.

"Uno de los más importantes resultados de la guerra a que nos vimos forzados a entrar recientemente con una nación vecina, es la demostración que ha dado de lo que es la fuerza militar de nuestro país. Antes de la última guerra con México, las potencias europeas y otras, tenían una opinión imperfecta y errónea sobre nuestra fuerza física como nación y sobre nuestra capacidad para proseguir la guerra, especialmente una guerra emprendida fuera de nuestro propio país. Veían que nuestro ejército permanente en tiempo de paz no excedía de diez mil hombres. Acostumbrados ellos a mantener en tiempo de paz grandes ejércitos permanentes para la protección de los tronos contra sus propios súbditos, así como contra los enemigos extranjeros, no podían concebir que fuese posible que una nación, sin semejante ejército bien disciplinado y con larga experiencia, pudiese emprender una guerra con éxito. Tenían en poco a nuestra milicia y estaban muy lejos de considerarla como una fuerza activa, como no fuese para operaciones temporales defensivas cuando se viera invadido nuestro propio suelo. Los acontecimientos de la pasada guerra con México no solamente los han desengañado, sino que han hecho desaparecer las opiniones erróneas que prevalecían hasta cierto punto aun entre una porción de nuestros propios compatriotas."[8]

Una vez definidas las fronteras casi definitivas entre Estados Unidos y Canadá, y entre Estados Unidos y México, durante la segunda mitad del siglo XIX comienza un lento proceso de normalización (o unificación-homogeinización) de las relaciones económicas, políticas, diplomáticas y de seguridad.

En el caso de la relación entre México y Estados Unidos, se pasa del binomio expansión-sobreviviencia a una especie de círculo vicioso de conflicto-cooperación (o "amor-odio") desde el fin de la guerra civil en Estados Unidos y el desmantelamiento del gobierno imperial de Maximiliano y la llegada al poder de los liberales (entre 1865 y 1870) en México. El conflicto se da por la debilidad mexicana ante el poder del norte, lo que provoca la construcción y posterior fortalecimiento de una ideología "nacionalista". La cooperación se observa en muchos momentos históricos decisivos. Lo anterior deriva en una relación bilateral discontinua e inestable.

Las buenas relaciones bilaterales establecidas durante el largo periodo

[8] "Polk: cuarto mensaje anual al Congreso (5 de diciembre de 1848)", en *EUA. Documentos de su historia Política*, op. cit. p. 214.

de gobierno del General Porfirio Díaz (1876-1910), que se solidificaron con el establecimiento de grandes inversiones de capital, principalmente en los sectores mineros, de comunicaciones (ferrocarriles principalmente), y petroleros, se vio bruscamente cortada con el estallido de la revolución mexicana. Durante el gobierno de Díaz, el más importante hecho que selló este vínculo geopolítico fue la instalación de industrias de extracción y refinación de petróleo. En México, en el año 1887, se instala la primera refinería de petróleo, y en 1901, se inicia su explotación industrial.

Consolidación geopolítica de Estados Unidos, Canadá y México: 1900-1945

En términos geopolíticos, no existe América del Norte como concepto que explique la creación de un espacio de integración y hegemonía durante la primera mitad del siglo XX. La geografía fue el elemento determinante que direccionó la expansión geopolítica de Estados Unidos. Pensadores como Alfred Mahan consideran el Mediterráneo Americano (la Cuenca del Caribe, que incluye a México, Cuba, Venezuela y Colombia) buscando el desplazamiento gradual de las potencias europeas. Este posicionamiento geopolítico de Estados Unidos se dio tanto mediante guerras de desplazamiento hegemónico (como la de Estados Unidos contra España en 1898), como por la reducción de la presencia gradual y pactada de países como Inglaterra y Francia (quienes, no obstante, mantienen posesiones coloniales). Los elementos centrales de lo anterior fueron la anexión de Puerto Rico, la independencia de Cuba y la construcción del Canal de Panamá.

Posteriormente, la Primera Guerra Mundial ubicó a Estados Unidos como la potencia hegemónica emergente del siglo XX. El desplazamiento gradual de Gran Bretaña tuvo amplias repercusiones en la Cuenca del Caribe, tanto en lo económico como en lo geopolítico. Este hecho se reafianzaría con la Segunda Guerra Mundial y con la forma como las potencias del hemisferio colaborarían con el esfuerzo militar de los aliados.

Canadá y México, países frontera de la potencia, elaboran sus principios fundamentales de sobrevivencia y soberanía nacional sin disputar geopolíticamente la hegemonía de Estados Unidos, no obstante que en momentos históricos particulares disienten de los planteamientos estadounidenses.

En el caso de Canadá, cinco elementos determinan su estrategia de defensa. En primer lugar, la definición de que los canadienses son "no-militaristas", prefiriendo los medios pacíficos a los violentos para resolver todo tipo de disputas, no obstante que Canadá, desde la Primera Guerra Mundial ha acompañado de manera importante a Estados Unidos y Gran Bretaña. En la Segunda Guerra Mundial, Canadá mantuvo al 10 por ciento de la población reclutada en las fuerzas armadas y perdió 42.000 hombres. La segunda característica es que la cultura estratégica de Canadá no contiene en sus planteamientos defensivos los elementos clásicos de la autosuficiencia en defensa. La tercera variable es que las fuerzas armadas de Canadá se sostienen como elemento primario para apoyar sus estructuras políticas, económicas, sociales e internacionales, sin tener propósitos exclusivamente militares. El cuarto elemento es que las relaciones entre Canadá y Estados Unidos se dan en un marco de cooperación, siendo Canadá consciente del rol geográfico fundamental que cumple para la defensa de Estados Unidos. Y como quinto elemento, Canadá elabora su política de defensa sin autonomía de las fuerzas militares, subordinándose a las estructuras políticas a través de un mando unificado.[9] De esta manera, durante la Primera Guerra Mundial, Canadá definió su contribución al lado de los aliados por su compromiso de defensa con Gran Bretaña, mientras que hasta la Segunda Guerra, se da con claridad su relación estratégica con Estados Unidos.

En el caso mexicano, la geopolítica la determinó desde principios de siglo, la existencia de reservas de energéticos. Es paradójico que las grandes inversiones petroleras estadounidenses, inglesas y holandesas se realizaran durante la década de 1910-1920, cuando sucedieron los acontecimientos militares de la revolución mexicana. En esos años es cuando las grandes corporaciones como la Royal Dutch Shell, Standard Oil, Sinclair Oil, City Services y la Warner Quinla, que produjeron más del 90 por ciento del petróleo en México entre 1910 y 1938, desarrollan sus inversiones de capital, siendo prácticamente las únicas compañías extranjeras existentes en México.[10] Una de las grandes incógnitas geopolíticas de los primeros gobiernos de la revolución es por qué no se aplicaron las disposiciones constitucionales contenidas en el artículo 27 de la Constitución de 1917, relativas a la posesión nacional del suelo y subsuelo, hasta 1938, cuando se produce la expropiación por el Presidente Lázaro Cárdenas. Los historiadores han consignado diversas explicaciones, entre las que destacan que hubiera sido imposible lograr el reconocimiento internacional del gobierno de la revolución —cuyo

[9] Murray, D., "Canadá", en Murray, D. & Viotti, P. R., *The Defense Policies of Nations. A Comparative Study*, Third Edition, The Johns Hopkings University Press, Baltimore and London, 1994, pp. 57-59.

[10] Meyer, L., *México y los Estados Unidos en el conflicto petrolero (1917-1942)*, El Colegio de México, México, segunda edición, 1972, pp. 13-18.

momento culminante se dio en 1923 con los "Acuerdos de Bucarelí", mediante los cuales Estados Unidos reconoció al gobierno de Álvaro Obregón. Igualmente, el desenlace de la Primera Guerra Mundial, favorable a Estados Unidos e Inglaterra, hacía más difícil para un país sumergido en una guerra civil emprender un conflicto contra corporaciones de esas potencias, además de antecedentes como la intervención de Estados Unidos en Veracruz en 1914, y el incidente del telegrama Zimmerman, mediante el cual Alemania prometía a México devolver los territorios que Estados Unidos se anexó en 1948, a cambio de un respaldo militar.[11]

La Segunda Guerra Mundial fortaleció la hegemonía hemisférica de Estados Unidos (con la disidencia de Argentina), y los posibles países que pudieran cuestionarla (como México cuando nacionalizó el petróleo) mejoraron notablemente sus relaciones con la gran potencia. Entre México y Estados Unidos, de un potencial conflicto geopolítico de gran envergadura suscitado con la expropiación del petróleo, se pasó a una estrecha cooperación durante la guerra, siendo ese período uno de los mejores en términos de la relación bilateral. El Presidente Roosevelt contribuyó notablemente a que el conflicto entre el gobierno de México y las grandes corporaciones no tuviera consecuencias geopolíticas negativas para Estados Unidos, en aras de la seguridad hemisférica y el interés nacional de la potencia. En este caso, a pesar de la existencia de un acentuado nacionalismo en México, se logra que no entre en fricción con los intereses estratégicos de Estados Unidos:

> "La más aguda prueba a la política del buen vecino vino de México, en donde el gobierno radical-nacionalista de Cárdenas ha expropiado tierras de dueños americanos y vastas propiedades petroleras americanas e inglesas, en gran acto de autodeterminación. Algunos americanos han presionado al gobierno para intervenir por medio de la fuerza en México; las compañías petroleras demandan del gobierno de ese país pago exacto, no sólo por sus inversiones en México, sino por una larga y lejana reivindicación por los derechos del subsuelo no explotado. La Administración se resiste a adoptar ambas demandas, pues incluso Cárdenas puede recibir solidaridad hemisférica ante un acto de tal naturaleza".[12]

[11] Katz, F., *La guerra secreta en México*, 2 volúmenes, ERA, México, 1982.

[12] Roosevelt, F., *The Roosevelt Reader, Press Conferences and Letters of Franklin D. Roosevelt (1882-1945)*, New York, Rinehart, 1957, p. 195.

Para construir el sistema de alianzas militares durante la Segunda Guerra Mundial, en 1940 se crea entre Canadá y Estados Unidos la Comisión Permanente Conjunta de Defensa (Permanent Joint Board on Defence), la misma que se mantiene en actividad y mediante la cual se regula toda la relación militar binacional. A partir de esta actitud de protección del interés nacional de Estados Unidos en contra del particular de las grandes corporaciones, se busca también la cooperación bilateral hacia el flanco sur, para consolidar los diseños de seguridad hemisférica. Con México se constituyó la Junta de Defensa Binacional (The Joint Mexican U.S. Defense Commision). La contribución mexicana durante la Segunda Guerra Mundial incluyó el envío de un escuadrón aéreo de combate a las Filipinas en 1945; la autorización para el libre tránsito de aeronaves y embarcaciones, factor muy importante por encontrarse México entre el territorio de Estados Unidos y el Canal de Panamá; y la defensa conjunta de los territorios de California y Baja California. Igualmente, México cooperaría eventualmente en la defensa del Caribe contra la incursión de submarinos alemanes.[13]

La Guerra Fría (1945-1990): armonía estratégica trinacional

Durante la Guerra Fría y el desarrollo por Estados Unidos de la doctrina de contención del comunismo como eje de la seguridad nacional, Canadá y México contribuyen de forma notable a proporcionar seguridad en distintos niveles a la gran superpotencia. En el nivel nuclear, ambos desarrollan una activa diplomacia de contención de las armas nucleares estratégicas. En el caso de Canadá, su contribución se establece directamente a través de la firma en 1958 del acuerdo NORAD (North American Aerospace Defense Command), para poder detectar misiles que pudieran provenir de la Unión Soviética a través del Polo Norte.[14] De igual manera, Canadá comenzó a elaborar las bases de su política exterior, sostenidas en elementos como el multilateralismo y el firme respaldo a la construcción de los organismos internacionales que regulan desde la Post-Guerra al sistema internacional.[15] México

[13] Ver Conn, S.; Engelman, R.; Fairchild, B., *United States Army in World War II. The Western Hemisphere Guarding the United States and its Outposts*, Office of the Chief Of Military History, U.S. Army, Washington D.C., 1964. (Capítulo XIII "The United States and Mexico: Solidarity and Security", pp. 331-363)".

[14] National Defense University, Institute for National Strategic Studies, *Strategic Assesment 1997. Flashpoints and Force Structure*, Washington D.C., 1997, p. 76.

[15] Nossal, K. R., *The Politics of Canadian Foreign Policy*, Prentice-Hall, Ontario, 1997, p. 155.

contribuyó decisivamente, aunque en forma indirecta, a través del Tratado de Tlatelolco,[16] debido a que nunca se pudo reactivar la Junta de Defensa Binacional ni firmar acuerdos de defensa binacionales.

Los dos primeros acuerdos de seguridad multinacional impulsados y firmados por Estados Unidos durante la Guerra Fría —el Tratado Interamericano de Asistencia Recíproca (TIAR: 1947), y la Organización del Tratado del Atlántico del Norte (OTAN: 1948)— involucran una noción geográfica de protección del territorio de Estados Unidos, comenzando por sus vecinos del norte y del sur. En las nociones geopolíticas de la Guerra Fría, la participación canadiense se relaciona con las estructuras centrales vinculadas a Europa, principalmente Gran Bretaña, mientras que en el caso de México, el "interamericanismo" es la base de las primeras aproximaciones a la denominada "seguridad hemisférica". No obstante este interamericanismo, plasmado en los compromisos del TIAR y la creación de la Organización de Estados Americanos (OEA), el "territorio" de la OTAN, en lo que respecta a responsabilidades de defensa, abarca parte de México, pues su jurisdicción llega hasta el Trópico de Cáncer.[17]

En el nivel nuclear, tanto Canadá cuanto México, precisamente por ser frontera con Estados Unidos, sostienen como elemento central de sus políticas exteriores el establecimiento de acuerdos de control de armas en los foros de desarme de la Organización de Naciones Unidas (ONU). Ello se debe al peligro que representaba para ambos la posible explosión de una bomba nuclear o las repercusiones de la misma cerca de las fronteras:

> "Canadá ha puesto más énfasis en la distensión convencional que en la disuasión nuclear. Desde mediados de los años 1960s, Canadá ha trabajado para desmantelar la opción nuclear. Igualmente, la orientación no militar de la política canadiense pretende lograr una posición fuerte a favor del control de armas, oponiéndose a la instalación del sistema de misiles antibalísticos (ABM) y al uso militar del espacio."[18]

En el caso de México, el factor que decidió encabezar el esfuerzo que culminaría en el Tratado de Tlatelolco (firmado en 1967), fue la llamada

[16] Serrano, M., "El Tratado de Tlatelolco: la contención de la amenaza nuclear en América latina", en *Revista Mexicana de Política Exterior*, IMRED-SRE, México, No. 50, primavera-verano de 1996.

[17] Por ello los Estados de Baja California, Baja California Sur, Sonora, Chihuahua, Coahuila, Nuevo León, Tamaulipas, Sinaloa, Durango y Zacatecas, si fueran atacados, hipotéticamente entrarían en el radio territorial de la OTAN.

[18] Murray, D., "Canadá", *op. cit.*, p. 58.

"Crisis de los misiles", de octubre de 1962, donde se planteaba la posibilidad de que Cuba aceptara la instalación de armas nucleares soviéticas en su territorio, dirigidas hacia Estados Unidos.

Estas activas políticas de Canadá y México de rechazo a las armas nucleares, paradójicamente, han contribuido a fortalecer la doctrina de autodefensa en materia nuclear sostenida por Estados Unidos, y a permitir que en el hemisferio no se presente una carrera armamentista en ese nivel. Esto fue posible a pesar de los esfuerzos de algunos países de América del Sur, como Argentina y Brasil durante los años 70 e inicios de los 80, y de la doctrina cubana de autodefensa, que sostuvo durante mucho tiempo el derecho a la posesión de todo tipo de armas, incluidas las nucleares, para defenderse de un eventual ataque de Estados Unidos.

Durante la Guerra Fría, dada esta "armonía estratégica" entre Estados Unidos, Canadá y México, estos dos países se podían dar el lujo de disentir en muchas políticas de Estados Unidos que se ubicaban en un nivel inferior de prioridad estratégica. Por ello, Canadá y México no compartieron muchas de las acciones de "contención del comunismo" impulsadas por Estados Unidos en el ámbito político y/o militar. Esta disidencia fue importante en las relaciones interamericanas, sobre todo en las políticas hacia Cuba y Centroamérica. El control ejercido por Estados Unidos en los mecanismos diplomáticos establecidos a nivel interamericano, como el TIAR y la OEA, llevó a México a disentir con ellos,[19] y a Canadá a participar tardíamente, hasta 1990, cuando ingresa formalmente a la OEA.[20] Sin embargo, en su relación con Estados Unidos, Canadá se considera un "Aliado Ambivalente".[21]

No obstante lo anterior, en materia de contribución a los sistemas de seguridad internacional, básicamente los establecidos en el seno de la ONU, Canadá y Estados Unidos impulsan políticas activas que difieren notablemente del aislamiento mexicano en esa materia. Durante la Guerra Fría, México en la ONU orientó su diplomacia al establecimiento de relaciones más equilibradas entre los países desarrollados y los atrasados, al impulso de los mecanismos de solución pacífica de controversias, al fortalecimiento del derecho internacional y a establecer mecanismos para el control de armas.[22]

[19] Heller, C., "México en la OEA; tesis y posiciones tradicionales", en *Revista Mexicana de Política Exterior*, IMRED-SRE, México, N° 54, junio de 1998.

[20] Stevenson, B., "Cooperative Security and Canada's Role in Inter-american Security Reform", en Klepak, H. P., *Natural Allies? Canadian and Mexican Perspectives on International Security*, op. cit. p. 134.

[21] Thompson, J. H.; Randall, S. J., *Canada and the United States. Ambivalent Allies*, McGill-Queen's University Press, Montreal & Kingston, 1994.

[22] Pellicer, O. (comp.), *Voz de México en la Asamblea General de la ONU. 1946-1993*, FCE-SER, México, 1994.

Canadá es uno de los países que más ha contribuido al despliegue de fuerzas de paz de la ONU desde el inicio de estas misiones. Ello se debe al planteamiento de que Canadá, con sus propios medios, no puede asegurar su defensa, por lo que respalda el establecimiento de mecanismos de seguridad colectiva:

> "Canadá por sí sola no puede asegurar su seguridad. Como vecino de las superpotencias más fuertemente armadas, y como un país que depende de sus relaciones internacionales para su bienestar y prosperidad, así como para su sobrevivencia, la seguridad de Canadá necesita del mantenimiento de un orden internacional pacífico."[23]

Así, en forma explícita, Canadá define su geopolítica ante Estados Unidos:

> "Canadá tiene cuatro vecinos, pero su demografía, cultura, lengua, estructura económica e ideología se combinan para hacer de Estados Unidos el más importante punto de referencia de la política exterior canadiense. Aunque Canadá también es un país ártico, los canadienses se orientan hacia el sur. La gran mayoría de los canadienses viven en ciudades sobre la línea fronteriza, lo más lejos posible de los hielos árticos. La mayor parte de los canadienses viven en lo que Roger Swanson una vez denominó una "frontera de celofán", dándose una exposición inevitable a la cultura americana, su sociedad de consumo y su economía. Los estadounidenses y tres cuartas partes de los canadienses hablan la misma lengua, pero lo más importante que se sobrepone de forma predominante sobre anglosajones y francófonos, es que se comparten los valores liberales burgueses dominantes a través de toda Norteamérica, y la homogeinización socio-política se sobrepone a las diferencias culturales y lingüísticas. El comportamiento de la actividad económica –particularmente los flujos de inversión entre Canadá y Estados Unidos- también dirigen la atención sobre la frontera sur."[24]

Para afianzar este planteamiento, destaca la participación canadiense en la gran mayoría de las operaciones de mantenimiento de la paz organizadas por la ONU. Entre las más importantes está la presencia en el UN Military

[23] *Defence White Paper. 1987*, Minister of Supply and Services, Ottawa, 1987, p. 3.
[24] Nossal, K. R., *The Politics of Canadian Foreign Policy*, 3ª edición, Prentice-Hall Canada Inc., Scarborough, 1997, p. 28.

Observer Group in India and Pakistan (UNMOGIP, a partir de 1949); en el Sudéste Asiático, mediante el International Commission for Supervision and Control (ICSC) en Camboya (1954-1969), Laos (1954-1974) y Vietnam (1954-1973); en Nueva Guinea Occidental (UNTEA-UNSF, 1963-1963); en la misión de la ONU en el Congo (ONUC, 1960-1964); en la Misión de Observación de la ONU en Yemen (UNYOM, 1963-1964); en la misión del Secretario General de la ONU para la República Dominicana (DOMREP, 1965-1966); en el Grupo de Observadores Internacionales de la ONU para Nigeria (OTN 1968-1969); en el Grupo de Observación de la ONU en Centroamérica (ONUCA, 1989-1990); en la Misión de Verificación de Angola (UNAVEM, 1991); en la UN Transitional Authority (UNTAC) en Camboya en 1992; en la Misión de Paz de El Salvador (ONUSAL, 1992-1993); en la Fuerza de Protección de Población en Bosnia (UNPROFOR, a partir de 1992).[25] Igualmente, las fuerzas armadas de Canadá han participado en numerosas misiones en Medio Oriente, Somalia y, recientemente, en Kosovo y Timor Oriental. En América Latina la participación canadiense más importante se dio en Haití, a mediados de los noventa, en la Misión de la ONU en Haití, (UNMIH)[26]. Esta activa participación canadiense en los sistemas de seguridad establecidos a través de la ONU le imprime un activo rol a su política exterior que está en sintonía con los intereses de Estados Unidos. Esta participación en misiones de paz pone en cuestión un elemento de la política exterior canadiense: la promoción de la seguridad humana, pues ha sido muy criticada la acción de las fuerzas armadas en operaciones de paz como las implementadas en Somalia y Kosovo.

No obstante lo anterior, de manera similar a México, en Canadá se presenta una "crisis de identidad" por sus estrechos vínculos con Estados Unidos:

> "Los Estados Unidos han penetrado en Canadá en todos los niveles. La política de defensa de Canadá y su evolución refleja los intereses de Estados Unidos. (...) La influencia de Estados Unidos y la obsesión

[25] Granatstein, J. L.; Lavender, D., *Shadows of War, Faces of Peace. Canada's Peacekeepers*, Key Porter Books, Toronto, 1992. Ver también Dewitt, D., "Canadian Experience in Peacekeeping and Verification", en Klepak, H. P. (ed.), *Canada and Latin American Security*, Meridien, Québec, 1993.

[26] Canadá tuvo una participación muy importante, tanto en la asesoría a los cuerpos de policía para la construcción institucional de la seguridad pública, como con tropas (envió a más de 700 soldados y oficiales). Ver Bailey, M.; Maguire, R.; Pouliot, O'Neil G., "Haiti: Military-Police Partnership for Public Security", en Oakley, R.; Dziedzic, M.; Goldberg, E. (eds.), *Policing the New World Disorder: Peace Operations and Public Security*, National Defense University, Washington, 1998, p. 243.

canadiense para atenuarla explica mucho sobre la crisis de identidad de Canadá y la verdad sobre su política de defensa."[27]

La Post-Guerra Fría, la nueva geopolítica y el libre comercio

En la Post-Guerra Fría se fortalece la armonía estratégica trinacional construida en los años de la Guerra Fría. Este fortalecimiento se desprende de los acuerdos de libre comercio. Entre Canadá y Estados Unidos se sella el libre comercio con el tratado de 1988.[28] Después de la firma del tratado de libre comercio, Canadá pasó a compartir muchos de los postulados de Estados Unidos en materia de seguridad hemisférica. Canadá ingresa a la OEA; respaldó la invasión de Estados Unidos a Panamá en 1989; y participó en la alianza contra Irak en la guerra del Golfo Pérsico en 1991.[29] El tratado de libre comercio entre Canadá y Estados Unidos fue la base del TLCAN, e incluso las disidencias de Canadá con Estados Unidos en su política hacia Centroamérica, igual que en el caso mexicano, son superadas en los años noventa.

En los esquemas de seguridad de América del Norte hay una coincidencia fundamental entre México y Canadá, determinada por el poder de su vecino: en ambos países hay una crisis de identidad, y explícitamente (en Canadá) o implícitamente (en México) se reconoce la imposibilidad de la autodefensa, por lo que la vigencia de una especie de "paraguas de seguridad" construido por Estados Unidos genera una especie de dependencia e incluso subordinación inercial. Este es un fenómeno desprendido de la Guerra Fría, pero que se fortalece de forma implícita con el TLCAN, aunque de forma explícita el Tratado se restringe sólo al ámbito comercial. Tanto en México como en Canadá, el concepto de autodefensa se vuelve obsoleto porque han desaparecido las amenazas externas propias de los esquemas de la Guerra Fría: en el caso canadiense la de su anterior vecino enemigo (la Unión Soviética), y en el mexicano, las provenientes de Centroamérica.

Los aspectos de seguridad del TLCAN son explícitos para Estados Unidos. En la defensa del gobierno federal ante el Congreso, en 1993, para po-

[27] Murray, D., "Canadá", *op. cit.*, p. 59.

[28] El tratado de libre comercio entre Canadá y Estados Unidos tuvo un amplio respaldo popular en Canadá (medido mediante encuestas de opinión) y político (en el parlamento). Thompson, J. H.; Randall, S. J., *Canada and the United States. Ambivalent Allies*, *op. cit.*, p. 283.

[29] Thompson, J. H.; Randall, S. J., *Canada and the United States. Ambivalent Allies*, op. cit. p. 274.

der lograr la ratificación del tratado, el entonces Secretario de Estado señaló que el TLCAN era mucho más que un tratado sobre comercio, mencionando explícitamente la dimensión de seguridad contenida en el mismo:

> "Para los Estados Unidos y México, el TLCAN es mucho más que tarifas, comercio, crecimiento económico y creación de empleos. Es el símbolo de una nueva relación y una nueva estructura de cooperación. La aprobación del TLCAN y los acuerdos complementarios incrementará la capacidad de México para cooperar con nosotros en un amplio rango de asuntos vitales, que afectan nuestra seguridad de forma directa y tangible."[30]

Desde la entrada en vigor del TLCAN, las relaciones entre los tres países se han intensificado notablemente, tanto en el nivel privado como gubernamental. Son notorios los compromisos en muchos niveles, que trascienden los aspectos económicos y comerciales. En el área de seguridad, predominan los convenios de cooperación, principalmente para la lucha contra el narcotráfico, y el incremento de los niveles de asistencia militar.

En las relaciones entre Canadá y Estados Unidos, los intereses comunes estratégicos son múltiples. En materia de defensa, las relaciones se establecen en el marco de la Comisión Permanente Conjunta de Defensa,[31] por lo que:

> "Los recursos naturales de Canadá y su integridad territorial son vitales para la economía de Estados Unidos y para su seguridad nacional. Sin embargo, los canadienses continúan protestando por la indiferencia e ignorancia de Estados Unidos hacia Canadá."[32]

Una de las preocupaciones de seguridad de Estados Unidos respecto de Canadá es el tráfico de drogas a través de la frontera, realizado por grupos étnicos:

> "La heroína producida en Asia Sudoriental y Sudoccidental es introducida clandestinamente en los Estados Unidos con ayuda de grupos étnicos distribuidos por todo Canadá y los Estados Unidos. Las pandillas

[30] U.S. Department of State, "Statement of Secretary of State Warren Christopher Before the House Foreign Affairs Committee", November 5, 1993, Washington (State Department Home Page), p. 1.

[31] *Idem.*, p. 304.

[32] *Idem.*, p. 301.

asiáticas y organizaciones nigerianas destacan en el comercio internacional de la heroína."[33]

En el caso de Canadá, la posibilidad de separación de Québec es un asunto que concierne a la seguridad de Estados Unidos, entre otras razones por la potencial inestabilidad política, además de que la crisis quebequense influye también en México por la posibilidad de que se otorguen leyes de autonomía.[34] La perspectiva de Estados Unidos en materia de seguridad por la crisis de Québec es clara:

> "El principal asunto para Estados Unidos no es si Québec se separa o se mantiene en la federación, sino el posible deterioro de la estabilidad, llevando a que se incremente la presión para que Estados Unidos haga algo para mantener la tradicional estabilidad y la interdependencia económica."[35]

Otra variable estratégica es que el acuerdo NORAD, que fue signado para la eventualidad de un ataque nuclear ruso, ahora también se está empleando tanto para la interdicción de aeronaves, como para hacer la guerra contra el narcotráfico.[36] Para Estados Unidos, un motivo de preocupación es que en Canadá se reactive un nuevo nacionalismo que afecte las buenas relaciones bilaterales entre los dos países.

El esquema de defensa de Canadá en los años noventa considera gran cantidad de "vulnerabilidades", producto de nuevas modalidades de conflicto para las cuales la estructura de la defensa no está preparada. Entre las amenazas que se consideran externas están las "explosiones de población" y flujos de refugiados; "Estados fracasados" y sus efectos en el mundo; proliferación fuera de control e indiscriminada de armas, incluso nucleares; y los efectos de la acción del crimen organizado. Canadá también considera amenazas internas a su seguridad, como la reducción a los gastos para la defensa y su impacto en la debilidad de los sistemas para contener amenazas como el tráfico de drogas.[37]

[33] Oficina de Política Nacional para el Control de Drogas, *Estrategia Nacional para el Control de Drogas 1999*, Washington, 1999, p. IV.42. (versión en español).

[34] Young, R. A., *The Secession of Quebec and the future of Canada*, Queen's University, Kingston, 1995.

[35] National Defense University Institute for National Strategic Studies, *Strategic Assesment 1997. Flashpoints and Force Structure*, Washington D.C., 1997, p. 76.

[36] *Idem.*

[37] Bland, D. L. (ed.), *Canada's National Defense*, Queen's University, Kingston, 1997, pp. 282-283.

En el documento rector de la política de defensa de Canadá, el *Papel Blanco de la Defensa*, en su edición de 1994,[38] se mencionan las responsabilidades de Canadá en el sistema internacional de seguridad y la cooperación en materia de defensa con Estados Unidos como un elemento vital. Esta cooperación conjunta incluye un Comando Conjunto Binacional de Defensa; un Grupo de Tarea Naval Conjunto en cada costa; una Brigada Conjunta; dos escuadrones aéreos conjuntos y un escuadrón de transporte aéreo. Además, se incluyen acuerdos de cooperación en materia de industria para la defensa, y se piensa que, en el futuro, la cooperación va a abarcar el ámbito espacial.[39]

Inmediatamente entrado en vigor el TLCAN en 1994, en México aparece el conflicto chiapaneco como un símbolo de la crisis del sistema político. En Estados Unidos, las primeras preocupaciones se centraron en que, al haber firmado el TLCAN y al ser un país fronterizo, la existencia de una guerrilla no garantiza las condiciones para un libre comercio y realización de inversiones en condiciones propicias. De igual forma, uno de los principales problemas de Estados Unidos es que en México el proyecto de modernización está inacabado, y la velocidad de las reformas económicas no está acompañada de cambios en otros niveles del sistema político y la estructura del Estado, específicamente en las instituciones de seguridad, militares y de inteligencia.[40]

En otras palabras, se establece un vínculo entre la profundización de los lazos comerciales, el impacto de las crisis políticas internas en los países y la capacidad de la estructura estatal para enfrentar las amenazas de seguridad. Por ejemplo, en 1994, a un mes de surgido el conflicto de Chiapas, el Congreso de Estados Unidos realizó una audiencia donde el tema se centraba en los probables desenlaces del conflicto, su efecto en la democratización de México y su impacto para la seguridad de Estados Unidos. El asistente adjunto para asuntos latinoamericanos del Departamento de Estado, Alexander Watson, señaló la importancia del TLCAN para que, precisamente, crisis como la de Chiapas se puedan resolver en beneficio de México y sus relaciones con Estados Unidos:

> "El alzamiento en Chiapas ilustra los serios desafíos que enfrentan México y otros países de la región debido a problemas como la pobreza y la

[38] *1994 Defence With Paper*, Ottawa, 1994.

[39] Bland, D. L. (ed.), *Canada's National Defense*, pp. 322-325.

[40] Esto se analiza en los distintos artículos del libro de Aguayo, S. y Bailey, J. (coords.), *Las seguridades de México y Estados Unidos en un momento de transición*, Siglo XXI, México, 1997.

falta de oportunidades para parte importante de sus sociedades. El descontento legítimo sobre la situación, expresado por los habitantes del sur de México, no fue causado por el TLCAN. El TLCAN nada pudo hacer en ningún sentido en esos acontecimientos. En consecuencia, los eventos de Chiapas demuestran claramente la necesidad de tener el TLCAN. Con el TLCAN, México continuará en la dirección de las reformas de libre mercado, proveyendo al sector privado con iniciativas fuertes que le den energía a la economía mexicana y le permitan dirigirse hacia la comunidad de naciones occidentales, mediante reformas de libre mercado en la economía, estrechamente vinculadas a la legitimidad política y la apertura del sistema, con un proceso libre y democrático. Los Estados Unidos confían en que el gobierno mexicano resolverá la crisis de Chiapas responsablemente. Esperamos que todo lo que ha sucedido desde el alzamiento en Chiapas contribuya a fortalecer la reforma democrática."[41]

Desde el estallido de la crisis de Chiapas, Estados Unidos ha sido enfático en mencionar que la salida es la solución negociada. El embajador de ese país, Jeffrey Davidow, señaló ante la pregunta de "¿Qué quiere Estados Unidos para Chiapas?" lo siguiente: "Quiere que sea una paz negociada, sin violencia".[42] De igual forma, en los programas de asistencia militar de Estados Unidos a México, estos se concentran en la guerra contra el narcotráfico, prohibiéndose el empleo del equipo en operaciones contra el EZLN.[43] La presencia de ONGs vigilantes de derechos humanos, principalmente en Chiapas, se puede considerar un efecto indirecto del TLCAN.[44] La vigilancia de los derechos humanos es parte prioritaria de la agenda diplomática de Estados Unidos y Canadá, por lo que México no puede omitirla.

La agenda de seguridad trinacional es muy diversa. En algunos casos, coinciden los problemas para los tres países, en otros, la cooperación de un país lleva a compartir problemáticas de seguridad, y en otros casos, son problemas bi-nacionales, no compartidos por alguno de los países.

[41] "Prepared Statement of Watson, A., Assistant Secretary of State Before the Subcommittee on Western Hemisphere Affairs, Committee on Foreign Affairs, US House of Representatives, February 2, 1994", en *México: The Uprising in Chiapas and Democratization in Mexico*, U.S. G.P.O., Washington, 1994, pp. 61-62.

[42] Entrevista de Medina, M. E. al Embajador Davidow, *Reforma*, México, 6 de agosto de 1988, p. 10A.

[43] Isacson, A.; Olson, J., *Just the Facts.1999 Edition. A civilian's guide to U.S. defense and security assistance to Latin American and the Caribbean*, Latin America Working Group, Washington, 1999, pp. 90-91.

[44] Keck, M.; Sikkink, K., *Activist Beyond Borders. Advocacy Networks in International Politics*, Cornell University Press, Ithaca and London, 1998.

En el caso de Canadá y México, el tema de las autonomías territoriales es un asunto de seguridad, aunque para cada país la problemática es diferente. Para Canadá, es la parte más desarrollada e industrializada la que desea obtener autonomía (e independencia); en México, es a la inversa, la parte más atrasada del país. El tema migratorio fronterizo es compartido, aunque las problemáticas entre las dos fronteras son muy diferentes, pues en la frontera entre México y Estados Unidos los conflictos aparecen por la inmigración ilegal, y conducen a graves problemas de gestión gubernamental y conflictos, teniendo incluso dimensiones ecológicas la problemática binacional. En cambio, en la frontera Canadá-Estados Unidos los problemas son de otra naturaleza, como por ejemplo, el control de potenciales terroristas. En cuanto al control del tráfico de drogas, de igual manera, aunque es un fenómeno común, la problemática específica entre México-Estados Unidos y Canadá-Estados Unidos es muy distinta. Existe un gran debate que lleva incluso a plantear la militarización parcial o total de la frontera México-Estados Unidos, mientras que para el caso canadiense el problema es de consumo y configuración de mafias de distinto origen.

A nivel de construcción institucional, el TLCAN comprende la creación de la Comisión Tripartita sobre Cooperación para el Ambiente, estableciéndose su sede en Montreal; la Comisión para la Cooperación Laboral, con sede en Dallas; y el Banco Norteamericano de Desarrollo, con sede en San Antonio, para promover proyectos en la frontera. Otras comisiones son la Comisión Bilateral de Cooperación Ambiental, con sede en Ciudad Juárez.[45] También son muy importantes los mecanismos de resolución de las disputas comerciales. La dimensión de los problemas de la frontera México-Estados Unidos es un grave problema de seguridad binacional. Esto se puede percibir, por ejemplo, tomando en cuenta que al año se registran 250 millones de cruces de personas; 75 millones de cruces de automóviles; 3 millones de cruces de camiones de carga; y 500,000 vagones de ferrocarril. Esto convierte a la frontera México-Estados Unidos en la más transitada del mundo.[46]

En el caso de la guerra contra las drogas, hay muchos avances en la cooperación bilateral entre México y Estados Unidos. Desde 1996, se ha establecido institucionalmente el Grupo de Contacto de Alto Nivel (GCAN) entre ambos gobiernos. Su primer resultado es el establecimiento de la "Declara-

[45] Storrs, L., *México-U.S. Relations: Issues for the 106th Congress*, CRS Issue Brief, Washington, 24 April, 2000, p. 9.

[46] Beers, R., "Oversight of U.S.-Mexico Counternarcotics Efforts", Testimony Before the Subcommittee on Criminal Justice, Drug Policy and Human Resources, House of Representatives, Washington, March 4, 1999, p. 1.

ción de la Alianza México-Estados Unidos Contra las Drogas", firmada en mayo de 1997, para establecer una estrategia común que complemente los esfuerzos nacionales. Producto de este esfuerzo, se sostiene que México es líder mundial en erradicación de plantíos de amapola y marihuana.[47] Sin embargo, esta cooperación ha sido obstaculizada por el descubrimiento de numerosos vínculos de militares, políticos y funcionarios de las agencias mexicanas de investigación, con los carteles de las drogas.[48]

A fines del siglo XX e inicios del XXI, en Estados Unidos hay una percepción estratégica de que se están produciéndose cambios en las percepciones históricas mexicanas de seguridad que fueron predominantes durante todo el siglo XX. Esto se atribuye en parte al efecto económico y político de la entrada en vigor del TLCAN:

> "Sólo recientemente, con el TLCAN, México comenzó a modificar su tradicional actitud insular y defensiva ante Estados Unidos. Al norte de su frontera, los oficiales gubernamentales están comenzando a influir de muchas maneras, siendo esto muy importante. De esta manera, México está encaminado en el difícil sendero de la democratización, la reforma social y la economía de mercado. Los esfuerzos están cambiando el sistema de patronaje organizado mediante profundas desigualdades sociales, sin capacidades institucionales modernas y recursos adecuados, que facilitaban la operación de grandes carteles de las drogas. Su actividad criminal genera gran violencia, retroalimentando la corrupción y, de muchas formas, obstaculizando el proceso de transición política y estabilidad socio-económica. México está construyendo lentamente capacidades para lograr tener una gobernabilidad eficaz, y ambos países están trabajando muy cercanamente para enfrentar desafíos comunes, sin alterar los principios de soberanía, respeto mutuo, integridad territorial y no intervención. Los programas contra las drogas tienen la prioridad. El progreso vendrá con tiempo, confianza y cooperación."[49]

Uno de los temas pendientes en la agenda de seguridad trinacional es la forma en la que se van a complementar los esfuerzos institucionales en

[47] GCAN-SRE, "Principales resultados de la cooperación binacional México-Estados Unidos contra las drogas ilícitas", (mimeo), México, agosto de 2000.

[48] El caso más importante es el del General Jesús Gutiérrez Rebollo, a quien se le descubrieron vínculos con el llamado Cartel de Juárez en febrero de 1997.

[49] National Defense University Institute for National Strategic Studies, *Strategic Assesment 1999. Priorities for a Turbulent World*, Washington D.C., 1999, p. 179.

materia de seguridad. La coincidencia entre Canadá y Estados Unidos en sus políticas activas de seguridad internacional lleva a que en los foros internacionales, principalmente en la ONU y la OTAN, compartan muchos de sus postulados. En este caso, durante los años noventa, México, de ser un país con poco nivel de coincidencia con Estados Unidos y Canadá en la ONU, ha concordado de forma creciente con ambos en sus posiciones en materia internacional.

Por ejemplo, en 1985, Canadá, en las votaciones en las sesiones generales en la ONU, coincidió con las posiciones de Estados Unidos en el 69.8% de los casos, mientras que México lo hizo en el 15.2%. En 1990, Canadá coincidió con Estados Unidos en el 60% de las votaciones, y México lo hizo en el 15.2%. En 1995, Canadá coincidió en el 73.5% de los casos, y México en el 41.6%, y en 1998, Canadá coincidió en el 67.3%, y México en el 32.8%. Esto muestra el nivel de coincidencia estratégica en asuntos internacionales existente entre Canadá y Estados Unidos desde los años de la Guerra Fría, y la forma como México se ha sumado de forma gradual a las posiciones de ambos países en los noventa.[50]

En los foros internacionales se observan algunas contradicciones entre la actitud de México respecto de las llamadas agendas de seguridad internacional, la tradicional y la de temas emergentes de Post-Guerra Fría, y entre los postulados internacionales en materia económica y aquellos en temas políticos y de seguridad.

En materia económica, México coincide prácticamente en todos los aspectos con Canadá y Estados Unidos, referidos a acuerdos comerciales y convenios internacionales como los de derechos de autor, patentes, leyes de regulación de la inversión, etcétera. Incluso, respecto de las perspectivas de que se firme el Acuerdo de Libre Comercio de las Américas (ALCA) en el año 2005, México está más cerca de sus socios del TLCAN que de bloques comerciales como el Mercosur. Lo anterior se debe al éxito del TLCAN en el nivel comercial. Desde inicios de los 90, Canadá fue el principal socio comercial de Estados Unidos, y Japón el segundo. En 1998, México superó a Japón como segundo socio comercial, además de que, en el conjunto de la inversión externa de Estados Unidos, México se consolidó como el principal país receptor, sumando 27 mil millones de dólares, siendo el principal país que tiene inversiones en México, con el 60% de la inversión extranjera total. De igual forma, Estados Unidos es el principal cliente de México, recibiendo el 88%

[50] State Department, *Voting Practices in the United Nations, Annual Report*, Washington, (varios años).

de las exportaciones (siendo las principales el petróleo, automóviles, autopartes y vegetales), en tanto que proviene de Estados Unidos el 74% de las importaciones.[51]

En materia de política exterior, seguridad y defensa, si bien México no ha modificado sus doctrinas tradicionales en que se sostienen, restringidas al territorio nacional, son consideradas "aislacionistas" e "insulares". Sin embargo, es previsible que aparezca un nuevo activismo diplomático, producto del cambio de gobierno derivado del triunfo electoral de Vicente Fox el 2 de julio de 2000. Se ha hablado de que el "mercado" y la "democracia" se van a defender de forma activa, con lo que se modificaría el tradicional discurso de defensa de la soberanía y la no intervención, y podría implicar transformaciones en los esquemas de defensa y seguridad que prevalecieron durante el siglo XX.

El tema más importante es la disarmonía institucional existente entre México y sus dos socios. En materia de seguridad y defensa, esta deficiencia de México va desde la corrupción de los cuerpos policíacos y de impartición de justicia, hasta las diferentes formas de organización de los sistemas de defensa y de inteligencia. Esto provoca graves deficiencias en las posibilidades de enfrentar los diferentes problemas, contingencias y desafíos de seguridad y defensa.

No obstante lo anterior, es previsible que se incremente la cooperación en las relaciones trinacionales de seguridad. De igual manera, muchas diferencias en las percepciones geopolíticas que prevalecieron en el pasado entre los tres países, por ejemplo, las diferentes percepciones hacia Centroamérica y el Caribe durante los años 80, hoy hacen posible que se den geopolíticas compartidas hacia Centroamérica y el Caribe. Un ejemplo es la política hacia Cuba, donde se está dando un cambio notable en la política exterior de México, más en concordancia con la de Estados Unidos.

Otro de los elementos es la cooperación que se da incluso a nivel militar, para enfrentar catástrofes naturales. México, desde 1997, ha desarrollado una activa política de asistencia militar humanitaria de emergencia. Esta actitud demuestra que se está rompiendo con el esquema defensivo aislacionista. Esto fue destacado ante el paso destructivo del Huracán Mitch por Centroamérica en noviembre de 1998, y en las inundaciones de la costa venezolana en diciembre de 1999, donde las fuerzas armadas mexicanas tuvieron un importante rol en la atención de población afectada.[52]

[51] Storrs, L., *México-U.S. Relations: Issues for the 106th Congress*, *op. cit.*, p. 1.

[52] Ver "Auxilio a la población civil en Centroamérica", en *Revista del Ejército y Fuerza Aérea Mexicanos*, Época III, Año 93, enero de 1999, pp. 40-47.

Finalmente, el debate sobre si la política hemisférica de Estados Unidos va a ser prioritaria, sobreponiéndose a los esquemas regionales del NAFTA, se desprende del éxito que tenga la construcción de esquemas colectivos y cooperativos de seguridad, donde Estados Unidos ha encontrado más respaldo a sus planteamientos en otros países de América del Sur y Centroamérica, que en sus propios socios del TLCAN, por lo que con sus socios del TLCAN la tendencia parece ser el establecimiento de mecanismos bilaterales y probablemente trilaterales.

Las nuevas ideas sobre seguridad cooperativa se basan en la presencia de amenazas emergentes, tales como catástrofes naturales y ecológicas; la acción de actores privados como grupos terroristas; el crimen organizado trasnacional que realiza actividades de tráfico de drogas, armas y personas; el desarrollo de grupos armados no gubernamentales, como los llamados "paramilitares"; e incluso la pobreza como causa de inestabilidad. Sin embargo, el gran debate en el sistema interamericano sigue ubicándose en el nivel político, sobre las capacidades de la OEA para "defender" la democracia.[53] En otras palabras, en el seno de la OEA, la capacidad para condenar gobiernos es muy endeble, incluso cuando se han enviado misiones para respaldar esfuerzos de democratización. La OEA fue muy criticada por su inmovilidad para presionar al gobierno de Perú, ante las irregularidades de la elección presidencial de mayo de 2000. México sostuvo su posición tradicional de no intervención,[54] y Canadá, siendo país sede de la reunión, estaba por pronunciamientos más enérgicos, pero que se lograran mediante consenso mayoritario de los países, a lo que se opusieron un grupo importante de países de América del Sur.[55] Sin duda, el esfuerzo más importante de seguridad para Estados Unidos en el hemisferio es la crisis de Colombia, para lo cual se está desplegando el ambicioso Plan Colombia, con un costo de 1.300 millones de dólares. Este esfuerzo se lleva adelante de manera unilateral, precisamente para no ser paralizado en los foros hemisféricos.[56]

[53] Ver Vargas Llosa, M., "La inutilidad perniciosa", *Reforma*, México, 11 de junio de 2000, 2-A; y César Gaviria, "Carta Abierta. Responde jefe de la OEA a Vargas Llosa", *Reforma*, México, 20 de junio de 2000, p. 34-A.

[54] Muñoz Bata, S., "En Canadá, México defendió lo indefendible", *Reforma*, México, 8 de junio de 2000, p. 35-A.

[55] En el caso brasileño, su política exterior y de seguridad se está oponiendo en muchos temas a la política hemisférica de Estados Unidos. Ver Sennes,, R., "Brazilian Foreign Policy in the 1990s", *Peace & Security in the Americas*, LAP-Wilson Center, Washington, Mayo 1999, No. 14.

[56] Albright, M., "Cómo podemos ayudar a Colombia", *Reforma*, México, 11 de agosto de 1999, p. 29-A; "Estados Unidos se prepara para ayudar a Colombia", *Time Magazine en Español*, 27 de enero de 2000.

Para Estados Unidos deben concretarse acuerdos de cooperación para enfrentar estos desafíos, mediante la reactivación del sistema interamericano de seguridad, debido a que la mayoría de estos fenómenos no respetan las fronteras de las naciones.[57] Precisamente es en los países andinos en donde se presentan las mayores fisuras de los sistemas políticos, ante gobiernos como el de Chávez en Venezuela, la crisis de Ecuador y la crisis colombiana, además de que la amenaza del narcotráfico es donde está más presente. Ante estos desafíos, los socios del TLCAN no comparten las estrategias de contención de amenazas.

[57] National Defense University Institute for National Strategic Studies, *Strategic Assesment 1999. Priorities for a Turbulent World*, op. cit., p. 178. El cambio de la posición de Estados Unidos en crisis como la de Perú puede verse en Christopher Ogden, "Política de fin de semana. Estados Unidos tropieza diplomáticamente en su reacción a las elecciones en Perú", en *Time Magazine en Español*, 28 de mayo de 2000.

DEBATES SOBRE POLÍTICA DE SEGURIDAD EN ARGENTINA

Rut Diamint

Debates y escuelas de pensamiento

En una visión ideal, las políticas exteriores y de defensa son políticas de Estado, consensuadas en sus grandes líneas con los partidos de la oposición y con una relativa continuidad en el largo plazo. Cada gobierno acentúa diferentes aristas en función de sus intereses partidarios y administra esas decisiones en función de sus propios objetivos programáticos.

Nuestro interés por analizar los debates de seguridad durante estos últimos años está motivado por dos circunstancias: primero, estimar si estas políticas se conciben como políticas de Estado o de gobierno. Segundo, evaluar si el debate sobre la seguridad refleja la supremacía civil en las cuestiones de defensa. En definitiva, la supremacía civil es otra forma de analizar si la política de defensa es conducida por los administradores estatales, o continúa siendo una prerrogativa sectorial de las fuerzas armadas.

El primer paso es inscribir los debates de seguridad dentro de los grandes lineamientos teóricos en boga. ¿Los líderes políticos argentinos, visualizan un mundo guiado por los preceptos del realismo o del liberalismo institucional? ¿Es evidente la confianza en la cooperación o las decisiones surgen de pautas centradas en esquemas de competencia? ¿Es posible reconocer un cambio en las percepciones de seguridad de los líderes argentinos?

El paradigma teórico del realismo era dominante en el pensamiento de los dirigentes políticos y, en buena parte, de los académicos.[1] Siguiendo este marco se acentuaba la lucha por el poder, se reconocía una disputa hegemónica regional, se confiaba en la carrera armamentista y se mantenía una obsesión por la seguridad militar. La escuela de pensamiento realista, articulada en torno al concepto de poder, concibe un mundo en el cual los Estados están en conflicto[2] y, por lo tanto, la organización de la seguridad es una de las máximas preocupaciones del Estado.

Las transformaciones del sistema internacional desde 1989 y el impacto de los procesos de democratización reorientaron las cuestiones de seguridad. Una renovada confianza en las instituciones internacionales predispuso a un clima receptivo a los postulados del liberalismo.[3] Este enfoque entiende que la promoción del bienestar económico, la justicia y la paz, se consiguen mayormente a través de las regulaciones del sistema internacional. Esta escuela reconoce que las acciones externas de las naciones se realizan entre una pluralidad de actores y, por lo mismo, no se asigna a las fuerzas armadas una prioridad absoluta en la solución de las tensiones entre diversos Estados.

Utilizando elementos de estos dos esquemas de pensamiento, en estos últimos años la seguridad se redefine, dando lugar a diferentes líneas de análisis, que sin caer en el pacifismo idealista, sustentan una seguridad basada en la cooperación.[4] Entre sus conceptualizaciones incluye a la economía política y analiza sus efectos sobre la sociedad, el medio ambiente y los individuos, como el sustento de la nueva seguridad en la Post-Guerra Fría.[5]

Las percepciones de seguridad de los dos gobiernos democráticos, desde 1983, han demostrado un compromiso mayor con las ideas del liberalismo institucional. Aunque no vamos a detenernos aquí a explicar en detalle esta tendencia, creemos que esta elección está estrechamente vinculada a la necesidad de superar el militarismo en la Argentina.[6] Sin embargo, entre ambas administraciones hay sesgos diferentes. Atribuimos esos rasgos y acentos divergentes a dos situaciones entrelazadas. Primero, el contexto interna-

[1] Un análisis sobre este tema puede encontrarse en Escudé, 1992: 17-25.

[2] Mearsheimer, 1998; Waltz, 1995; Holsti, 1995.

[3] Buzan, 1991: 327-344; Kegley, 1995: 6-14; Möller, 1996: 769-791; Kupchan y Kupchan, 1995: 52-61.

[4] Buzan, 1984: 109-125; Mathwes Tuchman, 1989:162-169; The Report Palme.

[5] Möller, 1996; Buzan y Wæver, 1998.

[6] Diamint, 1992.

cional del gobierno del Dr. Alfonsín era el de la Guerra Fría, y si bien había disminuido la preocupación por la diseminación de regímenes pro-soviéticos, esos esquemas de pensamiento se mantenían entre los líderes políticos. Respaldaba esta mirada la continua preocupación norteamericana por la proliferación de armas de destrucción masiva. En el terreno local, esta lógica llevaba a una competencia de poder, descifrada por los agentes locales como una pelea por mantener el balance de poder regional.

El fin del bipolarismo impacta durante el gobierno de Menem, y si bien no hay una mutación profunda de conceptos, las preocupaciones se desplazan del ámbito estratégico al campo de la economía, y de las competencias en armas a la integración en bloques económicos. La proliferación continúa estando entre las prioridades del gobierno de Estados Unidos, pero varios regímenes de control de armas crean un marco de negociación sustancialmente diferente, que incorpora nuevos actores al consenso occidental.

El segundo componente de las diferencias entre uno y otro gobierno debe atribuirse al cambio en el concepto de seguridad, que recoge la preocupación por el futuro de la ciudadanía global. Así, la seguridad incluye temas de derechos humanos, el cuidado del medio ambiente o las consecuencias de las migraciones.[7] Se pasa de una visión Estado-céntrica de la disciplina, a la emergencia de panoramas centrados en el individuo. La comunidad internacional busca respuestas para proteger al ciudadano, creando canales de comunicación, confianza y cooperación, basados en los principios de justicia, igualdad y reciprocidad. Estas tendencias, que reconocen como antecedente la lucha por los derechos humanos, conducen a la paz y la estabilidad que es el prerrequisito para la consolidación de los regímenes democráticos.

El liberalismo institucional, por efecto de este cambio de prioridades y por las transformaciones internacionales, da lugar a políticas de seguridad con acentos notoriamente distintos. ¿Esto podría entenderse como un cambio de mentalidad entre los dirigentes argentinos, una adaptación a las nuevas condiciones internacionales?

Al menos, debemos constatar que los actores estatales y no estatales desarrollan sus acciones en un terreno marcado por dos reformas sustanciales: en la vida política argentina, el primer dato es la consolidación de la democracia. A pesar de ciertos vaivenes y defectos del sistema político, ya nadie visualiza un retorno a regímenes autoritarios. El segundo cambio profundo es la conformación de una alianza estratégica: el Mercosur. ¿Los líderes

[7] Mathews, 1997: 50-66.

políticos visualizan esta alianza bajo un esquema de liderazgo hegemónico o de real cooperación?

En el texto clásico de Krasner, la mayoría de los autores visualizan los regímenes internacionales como un espacio en el que los Estados buscan maximizar su poder, actuando en un medio anárquico, pero aceptando la influencia de los sistemas internacionales en las elecciones de los actores.[8] Algunos autores en ese mismo texto perciben la colaboración entre Estados como la segunda mejor estrategia luego de maximizar el interés nacional,[9] o señalan que los regímenes internacionales no implican desistir de la búsqueda de ganancias individuales.[10] Otros promueven la idea de que la coordinación de políticas puede entenderse como un bien público,[11] y que las redes de instituciones internacionales son extensas e influyentes, en las cuales los mutuos intereses sostienen los regímenes internacionales, sin necesidad de concluir que la hegemonía es necesaria para producir acuerdos.[12]

Las posiciones de algunos actores argentinos, que miran la constitución del Mercosur como la aceptación del liderazgo indiscutido de Brasil, parecen acordar con un pensamiento predominantemente realista, que sostiene que es más sencillo construir un régimen internacional en condiciones de estabilidad hegemónica. Quienes se inscriben en la tradición institucional visualizan las ventajas del acuerdo y estiman los beneficios de contar con normas y reglas para establecer los intercambios, acceder a mayor cantidad y calidad de informaciones y reducir la incertidumbre acerca de las conductas de otros Estados.

[8] Krasner, 1983: 2. "Keohane writes further: ´A complete analysis of regimes would have to show how international regimes could change as a result not of shifts in the allegedly objective interests of states, or in the power distributions and institutional conditions facing governments, but of changes in how people think about their interests, including the possibility that they may be interested in the welfare of others, both from empathy and from principle´ (ibid.). In the early 1980s Keohane suggested that a different, sociological line of argument about regimes would be possible, whereby norms would be "internalized" by actors as part of their utility functions; see Robert O. Keohane, "The Demand for International Regimes," in Stephen D. Krasner, (154 n. 27). But his subsequent work has continued to draw almost exclusively on economic imagery and has followed a rationalist path". Ver también Robert O. Keohane, "International Relations Theory: Contributions of a Feminist Standpoint," en Rebecca Grant; Kathleen Newland, 1991. Este trabajo reconoce claramente la orientación sociológica feminista hacia una articulación de una visión internacional de las relaciones internacionales, p. 44.

[9] Haas, 1983: 27.

[10] Stein, 1983: 139.

[11] Keohane, 1983: 149.

[12] Young, 1983: 94-101.

Debates y actores

En coincidencia con los nuevos argumentos de los teóricos de la seguridad, en democracia, se han incorporado nuevos actores en las cuestiones de defensa.

El debate de la defensa se introdujo, sutilmente, en las discusiones de las políticas públicas. Comparativamente con la historia anterior a 1983, se dio un salto cualitativo en la transparencia de las cuestiones militares, y especialmente a partir de 1989, de los asuntos ligados a la seguridad internacional y regional. Durante el gobierno de Alfonsín, la defensa estuvo centrada en la política militar interna, tratando de revertir la autonomía militar e intentando regenerar la confianza de la sociedad en las instituciones, a través de los juicios a los militares de la dictadura. Los actores de este debate eran agencias del Poder Ejecutivo: el Ministerio de Defensa, de Interior, de Justicia y de Economía. Los tres primeros, activamente involucrados en los juicios militares, en la determinación del organigrama militar y en la separación de las funciones de defensa de las de orden público. No se discutió sobre políticas, sino sobre conducción. El elemento central en disputa era la redistribución del poder militar hacia las autoridades civiles. Por su parte, Hacienda era el encargado de recortar la autonomía financiera de las Fuerzas Armadas, reconvirtiendo el complejo militar-industrial en industrias del Estado.

El Congreso Nacional tuvo la difícil tarea de frenar los cuestionamientos militares al poder político, legislando una nueva Ley de Defensa, cuyo objetivo central era separar las funciones externas, que corresponden al sistema de defensa, de las cuestiones de seguridad interna, que atañen a las policías. Legitimó así la política de seguridad a través de la legislación: Ley 23.554/88 de Defensa Nacional y la Ley 24.059 de Seguridad Interior. Y como consecuencia de estas normas, se eliminó la idea de que los enemigos eran los propios ciudadanos, argumento que dio pie a los numerosos golpes militares en el pasado.

Los medios de comunicación analizaron e informaron sobre estos conflictos, pero no como un asunto de política de defensa, sino como situaciones relacionadas con la transición a la democracia.

Las fuerzas armadas fueron actores destacados en este período, oponiéndose a las directivas del gobierno. Pero sus reclamos eran en contra de las acusaciones, demandando mejores salarios o defendiendo sus acciones pasadas, y no proponiendo una política de defensa nacional alternativa. En definitiva, era la expresión de una queja por la pérdida de poder.

La mayoritaria aceptación popular a la disputa en el Canal de Beagle es un dato puntual y evidente del cambio de percepciones en democracia: ni la pérdida territorial, ni el hecho de favorecer al tradicional enemigo chileno, revertían la urgente necesidad de terminar con el pensamiento y el poder de los militares argentinos.

Con el gobierno del Dr. Menem se inauguran dos recursos que resultarán beneficiosos para el establecimiento de una política de defensa. Primero, y en concordancia con la Ley de Defensa, las cuestiones de seguridad internacional pasan al ámbito de la Cancillería. Así, los asuntos específicos de los militares, o sea, la seguridad externa, son definidos en el Ministerio, que cuenta con la burocracia más entrenada y con mejor tradición de formulación de políticas. La Cancillería fue el arquitecto de los cambios que implicaron, primero, una adaptación a las nuevas condiciones internacionales, y segundo, el ejercicio de una relativa supremacía civil sobre las fuerzas armadas. Estas políticas tuvieron como eje ubicar a la Argentina como un actor internacional compartiendo, desde su posición marginal, los desafíos mundiales.

Las fuerzas armadas fueron convocadas a participar en la seguridad global, a través de misiones de mantenimiento de la paz. Esto obligó a un replanteo del adiestramiento de las fuerzas para adecuarlas a los estándares multinacionales. Además, los militares se abrieron al mundo externo, compartiendo misiones junto a fuerzas armadas de otros países, saliendo del enfrascamiento y enfrentándose a un mundo diverso en cultura y valores. Y lo más destacable es que estas misiones, que son organizadas y definidas por las autoridades políticas, establecen la rutina del ejercicio político de la defensa.

En cuanto a los ámbitos académicos, en los 16 años de democracia no se generaron centros de pensamiento independiente, ni fue posible incluir el tema en las carreras universitarias. A diferencia de la mayoría de las Universidades norteamericanas, que tienen programas de seguridad y garantizan la investigación colocando el tema en la agenda pública, en Argentina no hay interés en institucionalizar los estudios, en darles un apoyo continuo desde el Estado o desde sectores privados. No hay una política, fomentada desde el Poder Ejecutivo o desde los partidos políticos, para formar cuadros civiles en las cuestiones de defensa y, posiblemente, como saldo del autoritarismo, no se nota una responsabilidad ciudadana por incorporarse a este ámbito.

La prensa no cumple con un rol de difusor de una polémica, cuya finalidad es ampliar el conocimiento de los temas. La mayoría de las veces, los artículos se centran en cuestiones relacionadas con actos de corrupción o con las deudas del proceso militar.

Debates y contradicciones

En la región, los objetivos de política exterior son una extensión de la consolidación de la democracia. Según expresara el Director de Seguridad de la Cancillería, Pedro Villagra, "lo que hoy garantiza nuestra seguridad no es la adquisición o desarrollo de poderosos y sofisticados sistemas de armamentos, sino la excelente relación con quienes nos rodean, la transparencia y previsibilidad que otorgan sus regímenes democráticos y el nuestro hacia ellos".[13] Esta coherencia y las numerosas políticas emprendidas por los diplomáticos argentinos encontraron asiduamente una barrera en el Ministerio de Defensa.[14]

En el año 1996, el nuevo Ministro de Defensa asumió el cargo con la perspectiva de mostrar ejecutividad en su administración. Poco tiempo después de hacerse cargo de esta función, y luego de varios años de ausencia de definiciones, estableció la Directiva Político Militar, por medio del decreto 1116/96. Los efectos concretos de esta medida son poco visibles. De todas formas, no podemos dejar de reconocer que durante su gestión se intensificaron las misiones militares con fuerzas armadas de otros países, y se continuó con la preparación del Libro Blanco de la Defensa, que finalmente fue publicado en 1999.

A diferencia del proceso realizado en Chile, en donde se incluyó a numerosos sectores de gobierno, del ámbito privado y a académicos, este libro se caracterizó por la eficiencia (la gestión anterior careció de decisión para ejecutarlo) y por la ausencia de consultas. Esa ejecutividad se tradujo en que el Estado Mayor Conjunto fuera el artífice central de la producción del Libro Blanco, asumiendo tareas que claramente contradicen el concepto de supremacía civil. A pesar de esta ausencia de consultas, el libro es positivo en varios aspectos:

1. Transparenta la organización y despliegue de las fuerzas armadas.
2. Expone el equipamiento militar.
3. Explicita la doctrina y la logística militar.

[13] Villagra, 1998: 24.
[14] Diamint, 1992; 1997.

4. Detalla el presupuesto de la defensa y los recursos de financiamiento.
5. Precisa las leyes que fijan la defensa y seguridad nacional.

En definitiva, es un instrumento para el fomento de la confianza, en el nivel nacional e internacional, y un medio para dar racionalidad a las políticas públicas. Es lamentable que con estos logros no se haya intentado consensuar su propuesta con diversos sectores de la sociedad. Por otra parte, merece señalarse que gran parte de sus reseñas están referidas a cuestiones de política exterior. Las insuficientes definiciones acerca de las políticas concretas de defensa deben atribuirse, seguramente, a que esa cartera no tiene técnicos especializados. Y además, para no recargar las falencias en una única administración, nunca, en la historia del país, se hizo política de defensa desde el Ministerio. Era una atribución militar que cada una de las armas determinaba a su conveniencia.

En cuanto al Congreso, tuvo también un rol creciente en el debate y, sobre todo, no obstaculizó las políticas de defensa. Por el contrario, con la Ley 24.948/98 de Reestructuración de las Fuerzas Armadas, se produce un cambio importante respecto de las leyes anteriores: ésta cuenta con un mayoritario aval de las fuerzas armadas, o sea, se restablecen las relaciones entre el Parlamento y los militares.

Sin perjuicio de reconocer este paso institucional, debemos lamentar que las discusiones parlamentarias no profundicen en una nueva perspectiva de la seguridad. Revisando los debates de la Cámara de Diputados para la promulgación de la Ley de Reestructuración, vemos que los representantes plantean referencias interesantes respecto del marco regional; por ejemplo, "los niveles de conducción y de planeamiento estratégico analizarán, a nivel internacional, el probable desarrollo de un sistema de defensa en el marco del Mercosur...".[15] Pero son declaraciones desvinculadas de acciones específicas conducentes a cambios en el perfil de las fuerzas armadas.

La reestructuración se inserta, por lo menos a nivel del discurso, en el marco más amplio de la reforma del Estado. El Diputado justicialista Obarrio indicó que la ley se vincula a "la refundación de un nuevo modelo de Estado capaz de hacer frente a las crecientes demandas de la sociedad, en orden a una mejor prestación de los servicios esenciales que justifican su razón de ser."[16] Pero la ley dista de crear una innovación en el área de defen-

[15] Diputado Casella. Sesión de la Cámara de Diputados de la Nación, 18 de febrero de 1998. Versión taquigráfica, T. 27.

[16] Sesión de la Cámara de Diputados de la Nación, 18 de febrero de 1998. Versión taquigráfica, T. 28.

sa, como se realizó a través de las leyes de Convertibilidad y de Saneamiento y Ajuste Fiscal en la esfera económica. Si bien la Ley de Reestructuración aportaba especificaciones acerca de agrupaciones combinadas, planes, equipamiento y personal de las Fuerzas Armadas, encarar una reforma de este tipo supera las disposiciones de esta norma. La propuesta de crear una Comisión Bicameral de Seguimiento de la Reestructuración Militar, que hubiera sido la encargada de verificar el cumplimiento de las disposiciones y de fijar el articulado, que pusiera en práctica los lineamientos generales, cayó, como sucede con la mayor parte de las iniciativas, en el vacío político.

A través de la expresión de algunos diputados, se reconocen dependencias con los paradigmas teóricos, que tienen un impacto en la formulación de esta ley. Por ejemplo, el Diputado Caputo dijo: "Cuando decimos qué importante es el Mercosur, qué importante es tener cooperación, qué importante es dar una reforma militar que no le suene agresiva a los vecinos, y al mismo tiempo decimos que nuestro aliado estratégico militar está fuera de la región, entonces estamos mandando un mensaje totalmente contradictorio."[17] En este caso, es claro que se prioriza la relación con los socios de la región, pero la crítica a la posición oficial se sostiene en un enfoque de hegemonías y balances de poder.

En toda la discusión parlamentaria de la Ley, creemos que el aporte en el cual se distingue una clara visión cooperativa de la seguridad pertenece al Diputado Juan Pablo Cafiero: "hoy en día el mundo se rige por otras reglas de convivencia para tiempos de paz, y también tiene otro tipo de reglas para los conflictos. Si imaginamos hipótesis de guerra para la Argentina, a partir de las cuales tengamos que organizar nuestra estructura militar, nos va a costar muchísimo poder encontrar argumentos para alcanzar a imaginar que tales hipótesis de guerra estarán presentes en el corto o mediano plazo."[18]

Salvo estas expresiones, la mayoría de los representantes hicieron referencia a conceptos tradicionales de la defensa, a elogios a las fuerzas armadas y a difusos conceptos de inferioridad operativa. También se hace necesario remarcar que, si bien esta ley está considerada como un dictamen de consenso total entre oficialismo y oposición, parte de un acuerdo surgido fuera del Congreso entre el partido Justicialista y el partido Radical. En algunas informaciones periodísticas se atribuyó este "arreglo" al intercambio de favores, obteniendo el radicalismo apoyo a su iniciativa, a cambio de

[17] Sesión de la Cámara de Diputados de la Nación, 18 de febrero de 1998. Versión taquigráfica, T. 33.

[18] Sesión de la Cámara de Diputados de la Nación, 18 de febrero de 1998. Versión taquigráfica, T. 48.

aceptar propuestas legislativas del peronismo.[19] En segundo término, si bien la ley se votó por unanimidad, en artículos específicos hubo limitadas diferencias como se ve en el cuadro siguiente:

VOTACIÓN LEY 24.948, 10 DE FEBRERO DE 1998

Artículos	*Afirmativo*	*Total votantes*	*Total presentes*
1	184	185	187
2	109	181	190
3, 4, 5	x		
6	x		
7 a 10	x		
11 a 16	x		
17 a 23	x		
24 a 26	x		
27	96	161	172
28	153	167	172
29	148	157	174
30	94	151	161
31 a 35	x		

No hemos podido analizar, en función de los datos aportados en el registro taquigráfico, a qué parámetros atribuir las diferencias entre la ley general y los artículos específicos, ni tampoco podemos conocer a qué se debe la abstención de algunos legisladores. En principio, podemos arriesgar la interpretación de que la verticalidad partidaria obligaba a la votación en general, pero no al articulado, sin que esto dé mucha luz sobre las diferencias de criterio al interior de los partidos.

Durante 1999, el Congreso tuvo una extensa lista de proyectos vinculados a cuestiones de seguridad, en su sentido más amplio. Ese listado muestra

[19] Ver Scheetz, 1998.

un creciente compromiso con la inserción argentina en la región, con la proyección internacional del país, así como con asuntos internos que refieren a la buena administración de los asuntos públicos. Sin embargo, la mayoría de esas propuestas no llegaron al debate en el recinto, porque cuestiones más urgentes, o demandas del Ejecutivo, las dejaron fuera de consideración.

Una iniciativa arriesgada y original convocó a audiencias públicas en la Cámara de Diputados de la Nación, para escuchar diferentes propuestas sobre defensa. Esa práctica se extendió a otros campos, como la llevada a cabo en contra de la privatización de la energía atómica. En esa última convocatoria, en oposición a la privatización de las centrales nucleares de Atucha I y Embalse Río Tercero, los puntos de controversia estaban vinculados a situaciones laborales, pérdida de puestos de trabajo y pedidos de información acerca de los beneficios por las ventas. Pero no se incorporaron a la discusión los riesgos a la seguridad, que pueden presentarse como consecuencia de la disminución del control estatal sobre actividades nucleares.

En torno a los cambios en la percepción de cuestiones de seguridad, y acompañando las visiones cooperativas del liberalismo, merece destacarse la gestión bipartidista para solucionar los límites con Chile. Este mecanismo de consultas bilaterales y multipartidarias es un logro significativo del nuevo enfoque de la seguridad en la Argentina.

En menor medida, se alcanzó un cierto éxito en las negociaciones con los británicos por las islas Malvinas, que intentó ser una acción conjunta, asentada en los principios de la solución pacífica de controversias. Este es aún un tema muy sensitivo, y por ello se explica que los políticos del radicalismo que acompañaron al gobierno fueron criticados por sus pares. Pese a ese traspié, sus consecuencias en el ámbito de la seguridad son fecundas, ya que eliminan el tradicional registro en base a visiones de conflicto, que alimenta la demanda de poderío militar.

Respecto de los militares, un signo positivo es que ya no acostumbran a efectuar expresiones públicas acerca de su concepción de la defensa y de las relaciones externas del país. Esto es evidencia de un mayor control político de las fuerzas armadas, aunque no implique exactamente la esperada supremacía civil. O sea, que las fuerzas armadas expresen sus opiniones dentro de los canales establecidos legalmente es un progreso significativo y que seguramente conducirá a que el gobierno defina la defensa nacional, supervise la aplicación de la política militar, incluya los aportes del Congreso e incorpore las perspectivas de la sociedad. Es decir, que en el largo plazo, finalmente se ejerza la supremacía civil.

Debates e instituciones internacionales

No puede dejar de reconocerse que hubo una gran inversión en la participación argentina en regímenes de seguridad, centralmente, la incorporación a los regímenes de control de armas nucleares y químicas. En el caso de la energía nuclear, conjuntamente con Brasil, se construyó una metodología novedosa que se intenta tomar como modelo para otras regiones, especialmente para solucionar las diferencias entre India y Pakistán. En asuntos nucleares y de armas químicas, la Cancillería respondió con eficiencia y continuidad en los mecanismos de los que participa. Ha sido también una impulsora del Tratado de Minas Antipersonales, de armas convencionales, y lleva un rol destacado en las negociaciones de Desarme de las Naciones Unidas.

En la OEA hubo empuje para debatir temas de seguridad en el organismo político continental y el delegado argentino tuvo un claro protagonismo en la creación y puesta en marcha de la Comisión de Seguridad Hemisférica. Pero del impulso inicial se pasó a los déficits en la institucionalidad. Así, la capacidad de dar continuidad a estas decisiones depende más de las calidades personales de los funcionarios, que de una gestión sistemática. Paralelamente, el Ministerio de Defensa ha promovido las reuniones hemisféricas de Ministros de Defensa, en las que tienen un papel destacado. Estos encuentros no dieron como resultado el mejoramiento de la comunicación con los pares de la región, y las decisiones tomadas en este mecanismo tienen menor repercusión en las políticas regionales o nacionales que las acciones bilaterales, que son las que alcanzan efectos concretos.

Los Memorándum de Entendimiento con Chile y Brasil se han constituido como un ejemplo positivo de la coordinación interna y externa. La filosofía de estos encuentros es la de las Medidas de Fomento de la Confianza, y de ello ha derivado un mayor intercambio militar, estudios para la comparación de los gastos en defensa, planes de producción conjunta, etc. Estos intercambios han producido confianza, transparencia y eficiencia en operaciones combinadas.

El Mercosur no alcanzó un nivel institucional que permita contar con mecanismos formales de solución de controversias. Pese a ello, el Mecanismo de Consulta y Concertación Política, creado en la reunión de Mercosur de Potrero de Funes,[20] propicia la creación de una segunda generación de

[20] Acordado el 23 de julio de 1997.

reformas democráticas, estableciendo como criterio de pertenencia al acuerdo, el mantenimiento de regímenes democráticos y el respeto a los derechos humanos. Estas reformas se complementan con los compromisos logrados en Usuahia,[21] que llevan a la declaración de la región Mercosur como *zona de paz* y libre de armas de destrucción en masa, comprometiéndose a fortalecer los mecanismos de consulta y cooperación y las medidas para el fomento de la confianza. Este importante avance democrático ha impactado también en el sector privado. Por ejemplo, el Presidente de la Cámara de Exportadores de la Argentina expresó: "Creo que la mayor ventaja de la integración ha sido que la región se ha convertido en una zona libre de conflicto, a partir de una cláusula democrática de no solucionar los conflictos por medio de la guerra entre los países de la región".[22]

Estos logros institucionales se ven opacados por el fracaso de la instancia de negociación interna. En el año 1994, los Ministerios de Relaciones Exteriores y de Defensa resolvieron crear un mecanismo de consulta y seguimiento de los temas comunes, en el cual estaban incluidos el Estado Mayor Conjunto y los jefes de las fuerzas. Esta iniciativa propiciaba una toma de decisión conjunta, en función de un intercambio más amplio de información y de debate sobre diferentes puntos de vista. Por cuestiones vinculadas a personalidades y por la débil tradición de trabajo inter-agencias, este procedimiento dejó de usarse. Luego de ello, en varias ocasiones, las acciones de uno u otro ministerio fueron contrarias, generando confusión en los observadores externos. Por consiguiente, la deuda interna es fortalecer la confianza entre los actores nacionales, superando los recelos entre partidos, recomponiendo la justicia, evitando los decretos que sorprenden a la ciudadanía y restituyendo la credibilidad del sistema político.

¿Qué debate a futuro?

La democracia puso fin a la etapa en que las fuerzas armadas tenían como rol la lucha interna de naturaleza ideológica. El resultado de esta acción política interna, además de sus consecuencias en la organización política del Estado, tuvo efecto sobre la conceptualización de la defensa.

[21] El protocolo de Usuahia amplía a Chile y Bolivia el compromiso inicial de defensa de las instituciones democráticas como condición para ser miembro del Mercosur. Firmado el 24 de julio de 1998.

[22] Entrevista, Dr. Enrique S. Mantilla, Presidente de la Cámara de Exportadores de la República Argentina, 7 de diciembre de 1998.

Los Estados se enfrentan hoy a enemigos que operan en condiciones diferentes de las que se planteaban las fuerzas armadas, sin objetivos políticos identificados y con tácticas que no se neutralizan a través de un equipo militar. El terrorismo, las migraciones masivas, las cuestiones ambientales, no encuentran soluciones en las estructuras militares. Ello explica por qué la inclusión de civiles es aún hoy más urgente de lo que se vislumbraba en el decenio pasado.

El rol de la defensa adquiere, en estos momentos, dimensiones distintas por la existencia del Mercosur y la consecuente relación con nuestros principales socios. La elección de la vía diplomática para resolver el diferendo que mantenemos con el Reino Unido de Gran Bretaña sobre las islas Malvinas –que ha sido incorporada a la Constitución Nacional, a través de una cláusula que expresa específicamente la elección de los medios pacíficos—, nos enfrenta ante el desafío de imaginar fuerzas armadas en un medio en el cual no hay hipótesis de conflicto: "Suponer que porque ya no planificamos la guerra con Chile o con Brasil —para terminar peleando con Gran Bretaña— nuestras FF.AA. han perdido su razón de existir, es como sostener que Francia y Alemania deben resignar sus instrumentos militares por haber desterrado cualquier hipótesis mutua de conflicto."[23]

Ya que la defensa es una función indelegable del Estado y su ejecución requiere políticas de largo plazo basadas en un consenso que le otorgue solidez, ¿qué se percibe en las propuestas de los referentes de la Alianza?

La Alianza presentó una plataforma en materia de defensa que recoge una visión tradicional de las amenazas al Estado. Presenta críticas a las políticas del oficialismo señalando que hay una "pérdida de la capacidad de conducción del Ministerio de Defensa y la desjerarquización funcional y operativa del Estado Mayor Conjunto"[24]. La propuesta para solucionar este desfasaje es ponderar "las realidades diversas y cambiantes de los escenarios internacionales, que serán analizados desde una actitud de *vigilia estratégica*". Las otras disposiciones previstas (puntos 3 a 8) no aportan nada diferente a los postulados del partido radical durante su anterior presidencia, como si en estos últimos 10 años no se hubieran producido reveladores cambios externos e internos. El único punto en el que está presente el impacto de las radicales transformaciones ocurridas, es el referido a una mayor coordinación en el diseño de los instrumentos militares de las fuerzas armadas del Mercosur.

[23] Hernán Patiño Mayer, "Fuerzas Armadas y Narcotráfico," *Clarín*, julio de 2000.

[24] Plataforma en materia de defensa, Grupo de trabajo en Defensa Nacional, proyecto consensuado.

Horacio Jaunarena, tradicional referente en temas de defensa de la Alianza, sostuvo: "los procesos de integración no deben implicar desarmes unilaterales o el debilitamiento de la capacidad disuasiva. Si bien la opción estratégica de la Argentina pasa por la integración en el ámbito del Mercosur y la consolidación de las democracias en la región, ello no implica que no debamos estar atentos a eventuales desequilibrios en las capacidades militares".[25] ¿Es este un buen argumento para ensayar la cooperación con los vecinos? ¿No es esta definición contradictoria con el antes citado argumento del señor Dante Caputo, miembro del mismo partido?

El Diputado radical Juan Casella, con una visión de tintes más modernos, dijo: "si queremos preservar la soberanía, la autodeterminación, la presencia nacional en el mundo y, fundamentalmente, la libertad y la vida de nuestra gente, debemos contar con un instrumento militar nuevo, apto, flexible y económicamente sustentable."[26] ¿Es este el pensamiento de las actuales autoridades del Ministerio de Defensa? En la prensa escrita no hubo demasiadas referencias al diseño institucional del sector defensa. Las pocas alusiones del Ministro Ricardo López Murphy apuntan a mostrar contradicciones frente a la demanda de luchar contra el narcotráfico,[27] a esquivar los rebotes pendientes de las cuestiones de derechos humanos,[28] o a hacer maniobras conjuntas y combinadas para dar cuenta de la cooperación regional.[29] Pero ninguna de estas actividades es la definición de una política de defensa.

El Senador peronista Jorge Villaverde, presidente de la Comisión de Defensa del Senado, hizo hincapié en el mejoramiento del Ministerio de Defensa.[30] Señaló que "las amenazas deben enfrentarse por la vía política de la integración regional", basado en un concepto de *"equilibrio cooperativo"* definido sólo como un concepto estratégico. Suponemos que quiere diferenciarse del concepto de equilibrio de poder.

Se puede alabar la creatividad de los especialistas de defensa argentinos. ¿Qué significa "vigilia estratégica" y "equilibrio cooperativo"? Retomando los primeros conceptos de nuestra exposición, ambas concepciones están cercanas a una visión realista de la política internacional: la primera, incor-

[25] Entrevista al Dr. Horacio Jaunarena, *Boletín del ISIAE*, año 2, Nº 6, mayo de 1999, pág. 1.

[26] Sesión de la Cámara de Diputados de la Nación, 18 de febrero de 1998. Versión taquigráfica, T. 28.

[27] Ver *La Nación*, 3 de mayo de 2000.

[28] En *La Nación*, 19 de agosto de 2000.

[29] Por ejemplo, *La Nación*, 11 de agosto de 2000.

[30] *La Capital*, 21 de mayo de 1999.

porando el elemento militar en el centro de las preocupaciones; la segunda, recuperando la idea de equilibrio sostenida por el pensamiento realista de la Guerra Fría. ¿Son estas concepciones formas de impulsar un acuerdo mayor dentro del Mercosur? ¿Son una respuesta al nuevo rol internacional de la Argentina?

En Europa, a raíz de las lecciones de la historia, la confianza en los métodos institucionales y la aparición de una sociedad trasnacional, también se han preguntado si la Unión Europea está construida en función del conflicto o de la cooperación. Según un estudio de Esther Barbé, las concepciones acerca de la seguridad europea están comprendidas en un continuo, en cuyos extremos se encuentra el realismo estructural y el liberalismo democrático y, en el centro, el realismo cooperativo y el institucionalismo.[31] Así, la seguridad en Europa está regulada por organizaciones de diferente tipo que dan lugar a "varias Europas en términos de seguridad", pero que no pueden considerarse unas al margen de las otras. Las PESC, Políticas Exteriores y de Seguridad Común, debieron esperar la finalización de la Guerra Fría para que fueran consideradas un requisito de la ampliación política de la Unión Europea. Superado el período de confrontación ideológica, recién allí se desarrollaron las ideas de una cooperación extendida al campo político. Sin embargo, pese a las divisiones entre regímenes y a las disidencias entre concepciones, se llegó a un concepto superador que refleja la unidad, pese a la diversidad: "capacidades separadas pero no separables". Esta idea incorpora tanto la multidimensionalidad de las instituciones europeas, como la multidimensionalidad de la seguridad (social, económica, ambiental, política). La seguridad no se termina en una institución; requiere de ellas para abarcar este mundo más complejo e incierto.

Europa sigue teniendo pensadores y líderes políticos preocupados por la competencia militar. Hay una división entre atlantistas y europeístas. Temen el conflicto en los Balcanes, sobrevive aún un atento temor al resurgimiento alemán, se desconciertan por las actitudes de Rusia y el rol de la Europa Oriental.[32]

Pero la situación en Europa es diferente a la de nuestra región. La diferencia radica en la estructura institucional que crea varios marcos para el debate y la solución de estas percepciones confrontadas. La OTAN, la UEO, la OSCE, el Consejo de Europa, el Consejo de Cooperación del Atlántico

[31] Barbé, 1995: 52.
[32] Smith, 2000: 41-45.
[33] Hurrell, 1992.

Norte, la Asociación para la Paz, conforman una densa red de instituciones que favorecen la acción conjunta de los Estados.[33]

Este armado europeo coincide con los postulados de los regímenes internacionales, estableciendo una comunidad de seguridad pluralista, con acuerdos que se sostienen por encima de las transiciones políticas, que condicionan a los actores a mantener continuidad en función de las normas convenidas multilateralmente. De esa forma, se generó un entramado de cooperación que lleva al crecimiento de lealtades cruzadas y en donde las demandas nacionales tienen varios canales de expresión.

Si en Europa este es un proceso recién iniciado, es entendible que en nuestra región estemos aún más lejos de llegar a una complementariedad de políticas exteriores y de seguridad. Este debate se detiene ante atascados acuerdos económicos. La inclusión de la sociedad civil es todavía una deuda mayor, que condiciona la presencia del Mercosur como actor internacional.

La ciudadanía contempló indiferente cuestiones que afectaban la vida cotidiana, como los acuerdos nucleares con Brasil, o la declaración del Mercosur como zona de paz. Últimamente, progresó una creciente participación ciudadana en el control de políticas públicas que inciden directamente sobre su calidad de vida, como las relativas a tarifas en los servicios públicos, o al incremento del presupuesto educativo. Justo en el momento en que situaciones frecuentes de violencia nos enfrentan a la necesidad de rever una cultura acostumbrada al conflicto y la intemperancia, y en un tiempo en el que la seguridad incluye medios no-militares, la institucionalización de múltiples canales para la elaboración, la discusión y la cooperación en seguridad obligan convocar a la ciudadanía a participar de ese debate.

Finalmente, el fortalecimiento de la democracia nacional y regional, el incremento de las vinculaciones internacionales no sólo entre poderes públicos, sino también entre organizaciones de la sociedad civil, entre otros actores privados, y la promoción de valores comunes, como el respeto de los principios del Estado de Derecho y de los derechos humanos, que son el sustento de la cooperación, fuerzan a un debate fértil, que es la única garantía del establecimiento de la supremacía civil en las cuestiones de defensa.

¿Por qué atribuimos tanta importancia a un debate amplio, que incluya a diferentes sectores y en el cual la conducción de la defensa es efectuada por equipos políticos? Pues bien, nuestra inquietud inicial era saber si las políticas de defensa pueden considerarse como políticas de Estado. Hemos visto que hay un discurso favorable a la cooperación y a los preceptos del liberalismo institucional, pero que el mismo no es conducente a medidas y acciones concretas. Dijimos que, a pesar de este enfoque, los líderes políticos siguen pensando en términos realistas, incluso en la interpretación pragmática de la coyuntura Post-Guerra Fría: el gobierno de Menem buscó acercarse al más fuerte. Mostramos avances en la transparencia interna y externa, pero señalamos los déficits de gestión gubernamental. Remarcamos un interés deficiente de la sociedad y de los medios de comunicación. Todo esto, para concluir en la sorprendente y contradictoria evidencia de que las políticas de defensa no son políticas de Estado, ni son políticas de gobierno. Con 16 años de administración democrática, resulta innegable que hay ausencia de política. Hay muchas iniciativas encaminadas a producir un estimable mejoramiento de las relaciones regionales y globales, hay un nuevo perfil de seguridad que desestima el estilo confrontativo de las fuerzas armadas, hay un mayor control de la autonomía militar. Pero adolecemos de la práctica de las normas y de la confianza en las instituciones. Carecemos de mecanismos previsibles, continuos, que conviertan a estas fragmentadas directivas en heroicas rutinas cotidianas.

Bibliografía

BARBÉ, Esther, 1995. *La seguridad en la nueva Europa*. Madrid, Los libros de la Catarata.

BUZAN, Barry, 1991. *People, States and Fear: An Agenda for International Security Studies in the Post-Cold War Era*. 2ª ed., Colorado, Boulder, Lynne Reinner.

BUZAN, BARRY; OLE WÆVER, 1998. *Liberalism and Security: The contradictions of the liberal Leviathan*. Dinamarca, Copenhagen Peace Research Institute.

BUZAN, BARRY, 1984. "Peace, Power and Security: Contending Concepts in the Study of International Relations". *Journal of Peace Research*, Nº 21.

DIAMINT, RUT, 1999, (ed.). *Control civil y fuerzas armadas en las nuevas democracias latinoamericanas*. Buenos Aires, Editorial GEL.

— 1992. "Cambios en la Política de Seguridad. Argentina en busca de un perfil no conflictivo", en *Fuerzas Armadas y Sociedad*. Chile, FLACSO. Nº 7, Vol. VII, Enero-Marzo.

— 1997. "Un producto de la Post-Guerra Fría: La cooperación en Seguridad. El caso argentino", en *El Mercosur de la defensa, estudio estratégico de América Latina y el Caribe*. Chile, FLACSO-CLADE.

— (ed.), (1998), *Argentina y la seguridad internacional*, Colección Paz y Seguridad en las Américas, (Santiago, Chile: Wilson Center- FLACSO).

ESCUDÉ, Carlos, 1992. *Realismo periférico. Fundamentos para la nueva política exterior argentina*. Buenos Aires, Planeta.

GRANT, Rebecca; NEWLAND, Kathleen (eds.), 1991. *Gender and International Relations*. Bloomington, Indiana University Press.

HAAS, Ernst B., 1983. "Words can hurt; or, who said what to whom about regimes," en Krasner, Stephen, 1983, ed., *International Regimes*.

HOLSTI, Ole R., 1995. "Theories of International Relations and Foreign Policy: Realism and its Challengers", en Kegley, Charles W., 1995, ed. *Controversies in International Theory. Realism and Neoliberal Challenge*.

HURRELL, Andrew, 1992. "Teoría de los regímenes internacionales: una perspectiva europea". *Foro Internacional*, México, Vol. 32, N° 5.
KEGLEY, Charles W., 1995, ed. *Controversies in International Theory. Realism and Neoliberal Challenge*. New York, St. Martin's Press.
KEOHANE, Robert O. "The Demand for International Regimes", en Stephen D. Krasner, ed., *International Regimes*.
— (1991). "International Relations Theory: Contributions of a Feminist Standpoint", en Rebecca Grant; Kathleen Newland, eds., *Gender and International Relations*. Bloomington, Indiana University Press.
KRASNER, Stephen, 1983. Ed., *International Regimes*. Ithaca, Cornell University Press.
KUPCHAN, Ch.; KUPCHAN, C., 1995. "The promise of Collective Security". *International Security*, Vol. 20, No 1.
MASTANDUNO, Michael, 2000. "A Realistic View: Three Images of the Coming International Order", en *Strategy and Force Planning*. Edited by Strategy and Force Planning Faculty, Naval War College, Newport, Naval War College Press.
MATHEWS, Jessica T., 1997. "Power Shift", en *Foreign Affairs*; Vol. 76, N° 1; Enero/Febrero).
BOJRN, Möller, 1996. "Conceptos sobre seguridad: nuevos riesgos y desafíos". *Desarrollo Económico*, Vol. 36, No 143.
SAINZ GSELL, Nora, 1998. "La OSCE en la Europa post-bipolar: Un estudio sobre la gestión de conflictos en el espacio ex soviético". Tesis de Doctorado, Universitat Autónoma de Barcelona.
SCHEETZ, Thomaz, 1998. "La ley de reestructuración militar argentina: La triste continuación de una política militar gatopardista", en Diamint, Rut, ed., *Argentina y la seguridad internacional*, Colección Paz y Seguridad en las Américas, Santiago, Chile, Wilson Center- FLACSO.
SMITH, Gordon H., 2000. "Importance of Shared Values in a Successful Half-Century". *European Affairs*, USA, Vol 1, N° 1.
STEIN, Arthur, 1983. "Coordination and Collaboration: regimes in an anarchic world," en Krasner, Stephen, 1983, ed., *International Regimes*.
THE REPORT PALME. "The Report of the Independent Commission on Disarmament and Security Issues", 1982. *Common Security: A Program for Disarmament*, London, Pan.
VILLAGRA, Pedro. "La seguridad y la defensa en el sur del continente," en Diamint, Rut, ed., 1998, *Argentina y la seguridad internacional*.
WALTZ, Kenneth N., 1995. "Realist Thought and Neorealist Theory," en Kegley, Charles W., 1995, ed., *Controversies in International Theory. Realism and Neoliberal Challenge*.
YOUNG, Oran R., 1983. "Regime Dynamics: the Rise and Fall of International Regimes", en Krasner, Stephen, 1983, ed., *International Regimes*.
ZACHER, Mark W.; MATTHEW, Richard A., 1995. "Liberal International Theory: Common Threads, Divergent Strands", en Kegley, Charles W., 1995, ed. *Controversies in International Theory. Realism and Neoliberal Challenge*.

EL DEBATE DE LA SEGURIDAD EN CHILE EN LA DÉCADA DE LOS AÑOS NOVENTA

Francisco Rojas Aravena

Introducción

El año 1989 aparece como un año de cambio crucial en el mundo y en Chile. Fue el año de la caída del muro de Berlín y de cambios espectaculares, en relación con el conflicto bipolar. Fue el año del fin de la Guerra Fría. En Chile fue un año decisivo, luego del plebiscito del 5 de octubre de 1988, que determinó el fin del gobierno militar. En diciembre de 1989 fue electo Patricio Aylwin como Presidente de la República. Con ello se inició un nuevo período en la historia del país, que cambió la inserción global y el relacionamiento político doméstico. La democracia se constituyó en un objetivo central de la vida política del país y la base para alcanzar las metas en otras áreas.

Si bien el mundo se encontraba convulsionado por la sucesión de vertiginosos cambios, el debate en Chile estaba centrado en los aspectos domésticos referidos a la transición. El tema principal era el debate y la negociación sobre las reformas constitucionales que posibilitarían un mayor espacio democrático y el inicio de un proceso de transición. Este también fue un período en el cual, cuando se pensaba en cuestiones de "seguridad", se visualizaban esencialmente los temas referidos a las relaciones civiles-militares. El debate en el sistema político estaba cruzado por las percepciones de las dos grandes coaliciones políticas del país. Una que buscó por todos los medios mantener un "protectorado" sobre la nueva democracia, desarrollar una democracia protegida y cuya base respondía al sustento otorgado en el plebiscito del General Pinochet. La segunda, una coalición democrático-modernizadora, que se planteaba cómo generar una transición plena a la democracia eliminando los enclaves autoritarios. En la práctica, el debate sobre aspectos cruciales se vio truncado por la decisión del gobierno militar, al momento de su salida, de dejar una serie de "leyes de amarre" que evidenciaban una gran desconfianza sobre el futuro, en particular, en lo referido a las relaciones en el ámbito de la defensa.

Los gobiernos democráticos, inaugurados el 11 de marzo de 1990 se plantearon objetivos en el sistema político que han cruzado esta década. Dichos objetivos tienen relación con el establecimiento de un marco constitucional plenamente democrático, tarea aún pendiente que, dada la estructuración del sistema político-institucional, unido al sistema electoral, se perpetuará al menos por un período gubernamental más. El principal objetivo y la principal meta del primer gobierno de la transición, 1990-1994, fue alcanzar la reconciliación nacional.[1] Para ello se ubicó el tema de los derechos humanos en un lugar central. Sin embargo, sólo fue posible alcanzar una parte de la verdad, lo que ha significado mantener este tema como una cuestión central de la agenda política del país hasta la fecha.

Desde el punto de vista de la política de defensa y de la política exterior, en el gobierno de Patricio Aylwin se establecieron como objetivos demarcar las áreas y prerrogativas gubernamentales y restablecer las potestades que históricamente han tenido los presidentes chilenos.[2] En el ámbito de la política externa, se diseñó el objetivo de la reinserción internacional del país, luego de un largo período de aislamiento político.[3]

En el segundo gobierno de la Concertación,[4] en el ámbito de la política exterior, el eje central fue definido como una diplomacia para el desarrollo. En el ámbito de la defensa, el objetivo fue establecer y explicitar la política de defensa. En este último caso, ello significó que se diferenciaron los temas referidos a la estructura constitucional y los derechos humanos de los

[1] Programa de gobierno 1990-1994.

[2] Augusto Varas; Claudio Fuentes. *Defensa nacional, Chile 1990-1994, modernización y desarrollo*. FLACSO, Santiago, 1994.

[3] Francisco Rojas Aravena. *Construyendo un nuevo perfil externo: democracia, modernización y pluralismo. La política exterior chilena 1993-1994*. FLACSO-Chile, Santiago, 1994.

[4] Programa de gobierno 1994-2000.

referidos a las cuestiones de defensa. En el ámbito ministerial, se privilegió esto último, y en el ámbito político, se bajó la prioridad en los temas de la transición democrática, subiendo la prioridad a los de la modernización del país. Al término del gobierno del Presidente Frei y luego de la detención del General Pinochet, han reaparecido con fuerza los temas centrales y originarios de la transición. Sin resolver el tema constitucional y los temas de derechos humanos, el proceso de democratización estará trunco y el país presentará una debilidad estructural en su sistema político. La resolución de este tema ha vuelto a adquirir "urgencia", en especial por el agregado de intereses vinculados a la detención del General Pinochet, los casos de derechos humanos y la oportunidad de zanjar el tema antes de la próxima elección presidencial en diciembre de 1999.

En el debate sobre cuestiones de política exterior, política de defensa, seguridad internacional y proyección estratégica del país, constatamos la presencia de pocos actores. El rol del actor gubernamental y sus respectivos aparatos burocráticos especializados es central. El rol del Parlamento ha sido reducido. Podemos agregar que, además, este debate es limitado en su amplitud y muchas veces tiene poca densidad. A lo anterior se une la carencia de espacios institucionalizados para debatir y conformar posiciones comunes entre los propios entes gubernamentales. Además, debemos destacar la carencia de espacios públicos formalizados donde establecer y efectivizar la participación de la sociedad civil.

A lo antedicho se debe unir un cierto desconcierto de los dirigentes políticos y sociales por los cambios que ha significado el proceso de globalización en las formas de hacer política y de tomar decisiones. Dos cambios son cruciales y requieren adaptaciones importantes. Por un lado, el espacio de acción política se ha transformado con el fin de la Guerra Fría y con el incremento de los procesos de complementación e integración subregionales y con la conformación de megamercados. Por otro lado, la percepción del tiempo también ha cambiado: hoy es necesario tomar decisiones en tiempo real sobre lo que está ocurriendo en los lugares más alejados del planeta. Una crisis en la península de Corea puede tener consecuencias directas sobre una parte importante del comercio exterior del país. Cabe recordar que Chile es una economía abierta, sus productos llegan a más de 167 mercados; además, cerca del 50% del producto bruto nacional está vinculado al sector externo.

Las miradas de Chile al mundo están marcadas por seis ejes que articulan las percepciones y que muestran una gran continuidad. Ellos son: a) el peso de los factores vecinales; b) la importancia de la juridicidad y el derecho internacional; c) la disuasión como eje de la política de defensa; d) la diversidad de los vínculos internacionales, la inserción múltiple; e) el presidencialismo en la definición de las políticas; y, f) relaciones cordiales pero no cercanas con las principales potencias.[5]

La globalización, el fin de la Guerra Fría, la aceleración de las comunicaciones, evidencian más mercado y menos Estado. Esto tiene consecuencias directas sobre las percepciones en seguridad internacional, y manifiestan cambios en el tipo y forma de vulnerabilidades del país.

El debate, por lo tanto, hasta mediados de la década del noventa, fue más bien la expresión de visiones distintas sobre el impacto de la globalización. En lo referido a la seguridad internacional, se cuestionaba la proposición norteamericana de un "nuevo orden internacional". No obstante lo anterior, a lo largo de la década se fueron tomando una serie de decisiones cruciales en los principales temas, que tienen relación con el desarme, la limitación de armamentos, la seguridad hemisférica y las relaciones vecinales.

Los temas de la seguridad internacional de la década del noventa[6]

América Latina, con la contribución decidida de Chile,[7] ha conformado, a lo largo de los años 90, una masa crítica de acuerdos sustantivos que posibilitan efectivizar en la región un régimen de facto de zona de paz y libre de armas de destrucción masiva. América Latina ha suscrito un conjunto de acuerdos que otorgan una densidad sustantiva a esta región como zona de paz y como área con una clara política de limitación de armamentos de destrucción masiva.

Con el fin de sistematizar la acción nacional y las decisiones en los temas de seguridad internacional, los hemos dividido en torno a cuatro aspectos: desarme y limitación de armamentos en el ámbito global, la acción hemisférica y regional, la política vecinal y el debate doméstico.

Vale la pena destacar, en primer lugar, que el principal logro del período, desde el punto de vista del debate, es el proceso de conformación y pu-

[5] Francisco Rojas Aravena. "Chile: cambio político e inserción internacional. 1964-1997". En *Estudios Internacionales*, Año XXX, N° 119-120, julio-diciembre. Santiago, 1997. pp. 376-406.

[6] Agradezco de manera especial las opiniones e informaciones del Director de Política Especial de la Cancillería, Raimundo González, del Director del Departamento de Desarme, Juan A. Barría, y del Subsecretario de Marina, Pablo Cabrera. Estas entrevistas se efectuaron en el mes de junio de 1999.

[7] Camilo Sanhueza B., "La inserción de Chile en los principales foros y regímenes internacionales del desarme". En *Diplomacia*, N° 72, marzo-junio. Academia Diplomática Andrés Bello, Santiago, 1997. pp. 61-73.

blicación del Libro de la Defensa Nacional de Chile.[8] Desde el punto de vista sustantivo, el gran logro fue la suscripción de los acuerdos referidos a armas de destrucción masiva.[9]

Desarme y/o limitación de armamentos

A) *Armas atómicas*

En el terreno de las armas de destrucción masiva, en primer lugar, se destacan los acuerdos referidos a armas atómicas. El Tratado para la Proscripción de Armas Nucleares en América Latina, Tlatelolco, establecido en 1967, representa el acuerdo regional más significativo en la materia. Chile lo suscribió en el año 1967 y lo ratificó en el año 1974. En el año 1990, se le establecieron una serie de enmiendas que posibilitaron que las reservas presentadas por importantes países fueran resueltas. Las enmiendas al tratado quedaron establecidas en 1992 y Chile las suscribió, y en el Parlamento fue ratificado el Tratado Enmendado, el 18 de enero de 1994.

En este mismo ámbito, Chile es parte del Organismo para la Proscripción de Armas Nucleares en América Latina, OPANAL, agencia encargada de darle seguimiento al tema y de verificar el cumplimiento del acuerdo.

El Tratado de No Proliferación Nuclear (TNP) tiene su origen en el marco de la Comisión de Desarme de Naciones, a mediados del año 1965. Los países en desarrollo, en el marco del conflicto bipolar, señalaron fuertes discrepancias, tanto con Estados Unidos como con la Unión Soviética, referidas a este tratado. Con el fin de la Guerra Fría se posibilitó su plena universalización. Chile aprobó y ratificó este tratado el 20 de junio de 1995. El país participa activamente en la preparación de la conferencia de revisión que está prevista para el año 2000. Además, Chile es parte de la Organización Internacional de Energía Atómica y suscribió los acuerdos de salvaguardia que posibilitan la inspección *in situ*. Chile suscribió el acuerdo de salvaguardias de la Organización Internacional de Energía Atómica, y el decreto correspondiente fue publicado en el Diario Oficial del 19 de julio de 1995.

El Tratado para la prohibición completa de ensayos nucleares (CTBT) corresponde a otro avance sustantivo en el ámbito internacional referido a

[8] Ministerio de Defensa Nacional. *Libro de la defensa nacional de Chile*. Santiago, 1997.

[9] Centro de Estudios Estratégicos de la Armada. "Limitación de armamentos: teoría y práctica" (resumen de la mesa redonda sobre el tema). Valparaíso, diciembre 1997, 39 páginas.

la eliminación de los riesgos nucleares. El consenso fue alcanzado en Naciones Unidas el 25 de septiembre de 1996. Chile fue uno de los países elegidos para suscribir, al momento de apertura, el tratado. De esta forma, el país es parte desde 1996. Además, Chile ha señalado que contribuirá de manera efectiva a otorgar las facilidades necesarias para la instalación en el territorio nacional de estaciones del sistema internacional de monitoreo, claves para la efectiva verificación de este Tratado.

Cabe recordar que, durante 1995, tanto Francia como China realizaron en el mes de junio y en el mes de agosto, respectivamente, explosiones nucleares. El gobierno chileno expresó su enérgica protesta por estas explosiones manifestando que ellas se oponían a los principios y objetivos de la no proliferación acordados por la comunidad internacional. El Canciller José Miguel Insulza señaló en Naciones Unidas: "nos preocupa que la región del Pacífico Sur, en la cual Chile tiene intereses fundamentales, se constituya en una zona en la cual se considere legítimo realizar actividades que son impensables en otras partes del mundo. Manifestamos de modo terminante nuestra voluntad de trabajar en conjunto con otros Estados de la región, para impedir la proliferación, estacionamiento, tránsito o ensayo de armas nucleares y otros materiales radioactivos en esa región y en todo el mundo".[10]

Finalmente, en el terreno atómico, Chile ha desarrollado una activa política en lo referido al paso por aguas jurisdiccionales chilenas de desechos radioactivos. En este ámbito, ha coordinado su política a nivel bilateral con los países involucrados y ha señalado la necesidad de notificación previa de los embarques. En marzo de 1995, surcó la zona económica exclusiva de Chile el buque de bandera británica, "Pacific Pintail", que transportaba material nuclear entre Francia y Japón. Los países ribereños por los cuales pasó la mencionada nave no fueron informados adecuadamente. Chile destacó la necesidad de concordar acciones en este campo para fortalecer los mecanismos de protección ambientales a los que se ven expuestos los países por donde pasa este tipo de materiales. Como resultado de estas gestiones, se avanzó a nivel internacional en procedimientos de información adecuada en este campo.

[10] José Miguel Insulza. Discurso ante el quincuagésimo período ordinario de sesiones de la Asamblea General de Naciones Unidas. Nueva York, 29 de septiembre, 1995.

B) *Armas químicas y biológicas*

Chile, conjuntamente con Argentina y Brasil, suscribieron la Declaración de Mendoza el 5 de septiembre de 1991, en la cual estos países claves del Cono Sur se comprometieron a la prohibición completa de armas químicas y biológicas.

Con posterioridad, el país contribuyó al desarrollo de la Convención de Armas Químicas, que quedó finalizada y abierta a la firma el 13 de enero de 1993, entrando en vigor el 29 de abril de 1997, luego de alcanzar el número de ratificaciones necesarias. Chile depositó el instrumento de ratificación el 12 de julio de 1996. Cabe destacar que esta convención tiene un conjunto de disposiciones muy significativas en lo referido a sistemas de verificación. Por esta razón, se la ha calificado como una convención que posee un alto grado de intrusión en el ámbito nacional de los Estados parte.

La Convención sobre Armas Biológicas es más antigua y fue negociada en la conferencia de desarme en 1972. Entró en vigor en 1975. Chile es parte de la Convención y, tal como lo señalamos, ratificó su vigencia en la Declaración de Mendoza.[11]

C) *Desminado*

El avance en materias de desarme en la Post-Guerra Fría ha tenido una aceleración significativa. Ello se evidenció con gran fuerza en la Convención referida a la prohibición de producción, empleo y transferencia de minas antipersonales. Luego de un corto período de debate internacional, se adoptó en Oslo la respectiva convención (18 de septiembre de 1997) y fue suscrita en Ottawa. En la ocasión, el 3 de diciembre de 1997, viajó el Ministro de Defensa, Edmundo Pérez Yoma, para suscribir en nombre del gobierno de Chile esta Convención. En la ocasión señaló: "conscientes de que la eficacia de una proscripción total de las minas antipersonales depende tanto de su universalidad como de un régimen de verificación razonable y operativo, persistiremos en nuestro esfuerzo para que la Conferencia de Desarme complete el progreso que representa este tratado".[12]

[11] Camilo Sanhueza. *Hacia el fin de las armas biológicas*. Colección Paz y Seguridad en las Américas, FLACSO-Chile/Wilson Center. Santiago, 1998.

[12] Edmundo Pérez Yoma, Discurso del Ministro de Defensa de Chile en la ceremonia de firma de la Convención para la Proscripción de las Minas Antipersonales. Ottawa, 3 de diciembre de 1997.

Como contribución efectiva a la política de desminado, en el ámbito regional y bajo los auspicios de la OEA, Chile contribuyó al proceso de desminado en Nicaragua en 1993, con el envío de oficiales del ejército que actuaron como instructores en la materia.

d) *Armas que modifican el medio ambiente*

Chile también es parte de la Convención internacional sobre prohibición de técnicas de modificación ambiental con fines militares u otros fines hostiles. Esta Convención data de diciembre de 1976, y está en vigor desde 1978. Chile firmó el instrumento al momento de su suscripción, el 10 de diciembre del año 1976. Sin embargo, fue ratificado el 29 de agosto de 1994.

Actividades en Naciones Unidas

Chile ha tenido una política tradicional de apoyo a Naciones Unidas. Ello se expresó de manera importante en la década del noventa con la participación como miembro no permanente del Consejo de Seguridad de Naciones Unidas.

A) *Conferencia de desarme*

Este es el principal foro de negociación efectiva a nivel internacional para el desarme. Pese a lo rígido del marco bipolar durante la Guerra Fría logró avances importantes en diversas áreas. Tiene una cantidad reducida de miembros. Chile buscó ser parte de la Convención desde 1989. El 17 de junio de 1996, fue aceptada la incorporación de Chile a la Conferencia, lo que posee una importancia significativa en la visualización global del tema de desarme en el marco de Naciones Unidas.

En el ámbito de Naciones Unidas, cabe destacar que Chile también es parte de la Convención sobre transparencia de gasto militar y sobre transferencia internacional de armas.

A) *Operaciones de mantenimiento de la paz*

Chile ha contribuido en operaciones de mantenimiento de la paz desde sus inicios en 1949. Luego del cambio en el sistema internacional y en lo referido a operaciones de imposición de la paz, Chile señaló que cada situación debía ser estudiada en sus méritos y que la política de caso a caso, en el marco de un reforzamiento de la doctrina tradicional de mantenimiento de la paz, constituiría el eje central de su accionar.[13] Chile ha participado en diversas operaciones de mantenimiento de la paz. En el período de los años noventa, además de mantener su presencia en las misiones tradicionales de India y Pakistán y en las alturas del Golán en el Medio Oriente, Chile ha participado en la misión de Naciones Unidas en la frontera Irak-Kuwait (1991-1993), en Cambodia (1992-1993), en Irak (1996) y en Bosnia (1997).

En el ámbito hemisférico y bajo el mandato de Naciones Unidas, Chile contribuyó en la operación de Naciones Unidas en El Salvador.

En el ámbito regional y fuera del marco de Naciones Unidas, cabe destacar la crucial misión que cumplieron los países garantes del Protocolo de Río de Janeiro en el caso del conflicto entre Ecuador y Perú. Chile fue parte, conjuntamente con Argentina, Brasil y Estados Unidos, de la Misión de Observadores Militares en Ecuador-Perú (MOMEP) que verificaron los acuerdos de las partes entre 1995 y 1999.

Actividad hemisférica y regional

A lo largo de los años 90, se ha destacado la alta heterogeneidad de América Latina y el Caribe. Ello ha significado un reconocimiento de las diferentes realidades, destacando las características propias de cada una de ellas. El Cono Sur posee una gran significación para Chile, dado que allí es donde se radican los intereses vitales del país, en particular en cuestiones de seguridad militar y en lo referido a los procesos de integración económica.

Chile buscó contribuir de manera efectiva en el proceso de renovación de la OEA. Muchas ideas quedaron rezagadas en este ámbito multilateral hemisférico. Sin embargo, debe destacarse que el gran logro de la década de

[13] El 6 de noviembre de 1996, el Presidente de la República estableció la política nacional sobre la participación chilena en operaciones de mantenimiento de la paz.

los años 90, y que posee una proyección fundamental para el próximo siglo, está referida a la Declaración de Santiago sobre la democracia representativa y su consolidación.[14]

Desde el punto de vista de la seguridad internacional, los avances más significativos han sido propuestos a través de la Comisión de Seguridad Hemisférica. Esta comisión ha sistematizado y orientado importantes resoluciones en la materia. De particular importancia es todo lo referido a medidas de confianza mutua y seguridad.

Sobre este último punto, cabe destacar que Chile fue la sede de la primera conferencia regional sobre medidas de confianza mutua y seguridad, que posibilitó establecer una operacionalización efectiva en estas materias, lo que ha posibilitado un nivel de transparencia y un nivel de intercambio de informaciones sustantivas en cuestiones de seguridad internacional y defensa nacional.[15]

Cabe destacar el importante rol y la sinergia positiva que se ha establecido en el Cono Sur latinoamericano y en el área centroamericana, entre la resolución de problemas vinculados al eje soberano territorial con el desarrollo de medidas de confianza mutua.

Chile presidió la Comisión de Seguridad Hemisférica, en 1998-1999, y durante su mandato se aprobaron, en la Asamblea General de Guatemala de junio de 1999, importantes iniciativas en materia de transparencia y confianza.

En busca de un concepto de seguridad hemisférica

El fin de la Guerra Fría y la desaparición del "enemigo común" han llevado a la necesidad de reflexionar sobre los nuevos riesgos y amenazas en el ámbito de la seguridad hemisférica. Los países de la región han destacado la necesidad de establecer un marco conceptual común que posibilite abordar los principales desafíos del futuro. Al respecto, el Canciller de Chile ha señalado que "todavía es válida la definición de los problemas de seguridad como

[14] Organización de Estados Americanos. AG/Res. 1080. Asamblea General XXI, Santiago, Chile, junio de 1991.

[15] FLACSO-Chile ha publicado tres importantes libros en esta materia: Augusto Varas e Isaac Caro, *Medidas de confianza mutua en América latina*. FLACSO-Chile, Santiago, 1994.

Francisco Rojas Aravena. *Balance estratégico y medidas de confianza mutua*. FLACSO-Chile/Wilson Center/P&SA/FOCAL. Santiago, 1996.

Francisco Rojas Aravena, *Medidas de confianza mutua y verificación*. FLACSO-Chile/Wilson Center/P&SA/FOCAL. Santiago, 1996.

aquellos que afectan intereses primordiales en las relaciones entre Estados o entre actores nacionales y cuyas repercusiones afectan la paz y estabilidad a nivel regional e internacional".[16] En este sentido, se debe abordar el tema conceptual para posibilitar un marco común de entendimiento y concertación en esta materia.

Chile propuso durante la I Conferencia Ministerial de Defensa, del 25 de julio de 1995, en Williamsburgh, Estados Unidos, la conveniencia de realizar una "conferencia extraordinaria de la Organización de Estados Americanos sobre seguridad". Esta iniciativa luego fue presentada y acogida durante la primera conferencia regional sobre medidas de confianza mutua y de seguridad, realizada por la OEA, en Santiago, en 1995. El consenso en esta materia se expresó finalmente en la Declaración de la II Cumbre de las Américas realizada en Santiago, en abril de 1998. Allí los mandatarios instruyeron a la OEA para que, por medio de la Comisión de Seguridad Hemisférica, estableciera un nuevo marco conceptual. Los trabajos en la OEA han avanzado, tanto a través de la discusión intergubernamental, como en la realización de foros académicos sobre la materia.

Actividades vecinales

La política vecinal de Chile desde inicios de 1990 se focalizó en la resolución de todos los problemas limítrofes pendientes. Ello llevó a que, de 24 puntos de diferencias reconocidos entre Argentina y Chile en 1990, se haya alcanzado una plena resolución de todos los puntos al resolverse en fecha reciente el tema referido a Campo de Hielos.[17]

En el caso de Perú, el gobierno chileno ha buscado suscribir una convención que posibilite la transferencia efectiva de las obras existentes en Arica, para dar pleno cumplimiento del Tratado de 1929. Con Perú, Chile mantiene y desarrolla un conjunto de medidas de confianza mutua desde hace más de doce años; éstas se ejecutan a través de los Estados Mayores de la Defensa Nacional.

[16] José Miguel Insulza. *Ensayos sobre política exterior de Chile*. Editorial Los Andes, Santiago, 1998, p. 111.

[17] Francisco Rojas Aravena. "Chile y Argentina: hacia una política de complementación binacional y subregional". En *Chile 97. Análisis y opiniones*, FLACSO-Chile, Santiago 1998, pp. 189-212.

La resolución de los temas limítrofes con Argentina ha posibilitado un salto cualitativo en la relación. Se ha producido un "estallido de amistad", según calificó el Canciller Di Tella a la relación bilateral en los últimos años.[18]

En el ámbito de la seguridad, la constitución del Comité Permanente de Seguridad Chileno-Argentino, establecido en noviembre de 1995, ha posibilitado el diseño de un programa de relacionamiento sustantivo. Ha establecido un espacio de debate sobre temas de seguridad internacional y de concertación de políticas en esta materia. También ha permitido generar iniciativas en la puesta en marcha de medidas de confianza mutua, incluidos ejercicios militares conjuntos entre las diversas ramas de las fuerzas armadas. Cabe destacar la importante función que posee el diálogo entre los Ministros de Defensa y Cancilleres en este campo.

El salto cualitativo en la relación bilateral chileno-argentina se expresa también en iniciativas conjuntas referidas a la transparencia sobre gastos militares. La solicitud a CEPAL para estandarizar una metodología sobre gasto militar es prueba efectiva de ello.

Los avances permiten situar la cooperación en un nivel inédito. Hoy se plantea como proyecto viable la posibilidad de construir fragatas de manera conjunta.[19]

El debate doméstico sobre temas de seguridad internacional

Si bien debemos destacar, como lo veremos más adelante, que en el país ha habido un reducido debate, éste ha tendido a focalizarse en tres temas: los temas fronterizos, el servicio militar obligatorio y un tema vinculado, como es el referido a las relaciones civiles-militares.

Otros temas, como el gasto militar o las adquisiciones, no han ocupado un lugar central en el debate público, aunque han tenido presencia cíclica en los medios. Temas relacionados a los procesos de integración y sus efectos en la seguridad han tenido un mayor espacio en el debate académico.

El logro más importante fue el establecido con el Libro de la Defensa. Éste fue presentado por el Presidente de la República en 1997. El proceso de

[18] Sobre la cooperación chileno-argentina, en torno a los encuentros presidenciales, ver *Convergencia trasandina*. Número especial, *Revista de la Embajada de Chile en Argentina*, febrero de 1999.

[19] Sobre este tema ver *El Mercurio*, 19 de junio de 1999. No obstante, en las páginas editoriales de este medio aparecen prevenciones sobre el acercamiento en estas materias. Ver "Complementación Chile-Argentina", *El Mercurio*, 17 de junio de 1999.

debate y conformación del libro posibilitó un debate significativo entre alrededor de 150 personas que conforman el núcleo básico de lo que se denominó la comunidad de defensa. El libro focalizó en los temas de defensa y, desde allí, los aspectos referidos a la seguridad internacional.[20] Sin embargo, no abordó las cuestiones referidas al debate constitucional sobre los lugares de decisión en materias de seguridad internacional y el sesgo autoritario de dos de ellas: el Consejo de Seguridad Nacional y la conformación del Senado como producto de los senadores designados y vitalicios. Tampoco se abordó el alto grado de autonomía de las fuerzas armadas.[21]

Otras actividades importantes en el ámbito de la seguridad internacional, como son los Memorándums de Entendimiento en materias de defensa con las principales potencias occidentales, han correspondido a decisiones de política en cuyas definiciones participaron un grupo reducido de actores, principalmente, el Ministerio de Defensa.

El debate sobre la seguridad. ¿Existe debate?

Pensar en el debate, es pensar sobre el espacio que el intercambio de ideas, la confrontación de opiniones y el diseño de alternativas ocupan en el proceso decisorio. En este sentido vale la pena recordar que a los procesos decisorios podemos visualizarlos en tres etapas: la fase del debate, la fase de articulación política y la fase de operacionalización burocrática.[22]

Desde el punto de vista de la fase del debate, podemos señalar que éste ha sido limitado y escaso. Las explicaciones sobre este proceso pensamos que se encuentran en nueve aspectos que detallaremos seguidamente.

[20] Edmundo Pérez Yoma. Discurso inicio al del proceso del libro de defensa, en *Fuerzas Armadas y Sociedad*, Nº IV, Año 12, FLACSO-Chile, Santiago, octubre-diciembre, 1997, pp. 32-33.

[21] Jaime Gazmuri. "La autonomía de las fuerzas armadas". En *La Época*, Santiago, 1 de agosto de 1997.

[22] Cristina Eguizábal; Francisco Rojas Aravena. "Política exterior y procesos de decisiones en Centroamérica: elementos para una aproximación a los procesos de negociación regional". En Roberto Russell (ed.), *Política exterior y toma de decisiones en América latina*. GEL Editores, Buenos Aires, 1990, pp. 235-254.

El peso de la burocracia

El actor gubernamental es el que posee mayor relevancia, es el que concentra información y capacidad de procesamiento. Es quien tiene la mayor capacidad de iniciativa y puede operar en red sobre la base del sistema diplomático.

La posibilidad de otros actores de incidir efectivamente está radicada en el acceso a información, la cual es mediada por lo que el gobierno quiera entregar o por el grado de información que se alcanza a través de publicaciones especializadas. Ello hace que el número de actores con capacidad de iniciativa en este campo sea reducido.

El Parlamento ha tenido un rol secundario en este ámbito de pesos burocráticos.

Por lo anterior, de alguna manera se trata de un debate entre actores gubernamentales y entre burocracias que poseen un bajo grado de coordinación.[23]

Una comunidad de defensa pequeña

Dadas las dimensiones del país, la masa crítica de actores con capacidad, formación e interés en materias de seguridad internacional es reducida. De hecho, podemos constatar que existe una importante carencia de conocimientos en el mundo civil sobre temas de defensa, así como una falta de instrumentos de análisis comunes entre las principales instituciones vinculadas a la seguridad internacional para el análisis de la política internacional y las relaciones internacionales.

Un debate inducido

El debate en la década del noventa, fue un debate inducido; de alguna manera fue un debate "artificial" en términos de que fue necesaria una fuerte iniciativa política para congregar los diversos actores que permitieran el

[23] Claudio Fuentes. "Política exterior y defensa: propuestas para su coordinación". *Documento de Trabajo*, FLACSO-Chile, Santiago, enero de 1995.

debate sobre la defensa nacional, la explicitación de la misma y su expresión en el libro de la defensa.

Las instancias académicas poseen rutinas de trabajo en este campo y están vinculadas esencialmente a ese grupo reducido de actores que conforman la comunidad de defensa y, más en general, los interesados en cuestiones internacionales. Cada una de las ramas de las fuerzas armadas creó un centro de investigación académico en cuestiones estratégicas: el Ejército, el Centro de Investigaciones en Ciencias Militares; la Armada, el Centro de Estudios Estratégicos de la Armada; y la Fuerza Aérea el Centro de Estudios Aeronáuticos y del Espacio.[24]

En los medios de comunicación, el espacio de lo internacional es reducido y posee poco análisis.

Poco peso de la sociedad civil

A diferencia de otras áreas, el peso de la sociedad civil en estas materias es reducido. Su expresión principal ha estado radicada en el servicio militar obligatorio. Luego de producidas las reformas principales en este campo, dejó de ocupar un lugar importante en el debate de la sociedad.

Los temas de seguridad internacional aparecen desligados y ajenos a la vida cotidiana, en especial, por el contexto de paz regional.

A lo anterior, también contribuye de manera efectiva el peso que tuvieron los 17 años del gobierno militar y la clausura de los debates políticos en el país.

Autonomía militar y carencias civiles

Los importantes grados de autonomía militar para la definición de materias referidas a adquisiciones, gasto militar y otros, unido a la carencia de competencias civiles, ha incidido también en una reducción de las oportunidades y los espacios para el debate. Lo anterior se vincula, incluso, a las decisiones

[24] En el ámbito académico, el trabajo nacional y hemisférico que realiza FLACSO-Chile es destacable. La revista especializada *Fuerzas Armadas y Sociedad* cumple un importante rol en el intercambio de ideas. El Programa Paz y Seguridad en las Américas ha contribuido de manera significativa a la comprensión y entendimiento de los problemas de seguridad internacional y al diálogo fructífero entre actores claves en estas materias. De él han surgido importantes recomendaciones de política que han sido asumidas por los países de la región.

estratégicas del país y a la proyección del proceso modernizador del Estado y sus distintas instituciones, incluidas las militares.

El peso del unipolarismo

La tradicional marginalidad estratégica latinoamericana, unida al fuerte peso del unipolarismo que tiene especial incidencia en materias de seguridad internacional, también se transforma en un desincentivo del debate.

Cabe destacar que Estados Unidos cumple simultáneamente diversos roles con relación a la seguridad internacional: es fuente de control y limitación de armamentos, es el principal proveedor de armamentos y es el impulsor de políticas de desarme.

El diseño estrictamente bilateral de relacionamiento con Estados Unidos en cuestiones de seguridad internacional reduce aún más los márgenes de maniobra de los países latinoamericanos y, junto con ello, los espacios de debate y los marcos decisorios.

La distorsión de los medios

Lo internacional posee poco peso en los medios. Menos aún las políticas de cooperación en el ámbito de la seguridad internacional o de la defensa. No existen revistas especializadas de circulación importante en esta área. Los medios de comunicación, por su estructura y forma de funcionamiento, destacan lo "noticioso", que tiene que ver esencialmente con el énfasis en la conflictividad. A su vez, la política mediática tiene cambios permanentes, lo que se contrapone a cualquier tendencia vinculada a cuestiones de seguridad internacional que, en general, corresponden a procesos temporales más largos.

Debilidades institucionales

El debate también es reducido porque no existen instancias locales, al igual que a nivel subregional, regional y hemisférico, tendientes a debatir las políticas y la proyección estratégica del país. La ausencia de marcos institucionales impide la profundización de los consensos y los debates, aun entre los pocos actores que participan. El desarrollo de redes institucionales refuerza de manera significativa las oportunidades de diseño de alternativas de cooperación y la prevención de situaciones de riesgo.

Autopercepción de "Chile país distinto"

En la elite chilena política y empresarial, en lo que hace a la inserción de Chile en el sistema internacional y con relación a los acuerdos de integración subregionales, se enfatiza muchas veces el "carácter distinto del país";[25] ya sea esto por su condición geográfica, por el nivel de aranceles o por otras razones. Lo anterior se traduce en que se evita el debate, dado que hay un consenso previo según el cual el país es distinto y, por lo tanto, puede diferenciarse de las políticas que adoptan otros países de la región, del hemisferio o de Occidente.

El cambio necesario

La globalización impone una participación creciente en cuestiones internacionales, tanto referidas al desarrollo y a la paz y seguridad internacional, como a temas globales como el medio ambiente. Una participación efectiva y una conexión real con el sistema internacional globalizado implicarán tres cambios sustanciales en la forma de tomar decisiones y en los procesos de debate y articulación política que conllevan. Estos cambios están referidos a: i) la incorporación de nuevos actores al debate, y su ampliación, tanto en densidad como en amplitud; ii) la conformación de un multilateralismo de carácter asociativo, capaz de abordar la diplomacia preventiva anticipatoria y constituir espacios para la formación de consensos; iii) el diseño de carácter modular de bienes públicos internacionales.

La incorporación de actores posibilitará crear e incorporar otras redes de vinculación internacional que den un mayor sustento al desarrollo de confianza y la generación de mallas de interrelación en diversas áreas. Dado el carácter de la globalización, los entrecruzamientos son cada vez mayores y la distinción entre cuestiones de seguridad de las referidas a comercio, inversión, transporte, medio ambiente u otras, es cada vez más difícil.

Presenciamos la emergencia de una sociedad civil transnacional con distintas formas y pesos e intereses temáticos; un marco global segmentado

[25] Ilaria Carnevali. *Mercosur-Chile: temas emergentes y posiciones de los actores chilenos*. FLACSO-Chile, Nueva Serie, Santiago, 1999.

asimétrico, que combina multilateralismo en algunas dimensiones, con una fuerte monopolarización en lo militar. Hoy, los valores occidentales incluso pretenden una cierta hegemonía de carácter global.

El sistema multilateral tradicional está en crisis; esa crisis se expresa en Naciones Unidas. Reconocemos una reducción de su legitimidad y capacidad de acción. Los sistemas internacionales de base parlamentaria se encuentran en crisis, buscan ser reemplazados por una *diplomacia de cumbre* que muchas veces se agota en el *foto opportunities,* sin adoptar decisiones, y las que se toman no tienen seguimiento.[26] Es por eso que debemos avanzar hacia un nuevo multilateralismo, un *multilateralismo cooperativo.*

El multilateralismo posee la capacidad para cambiar la realidad del sistema internacional y la política doméstica, cambiar los marcos y reglas de los vínculos y patrones de relación. La institucionalidad multilateral es el único instrumento capaz de asegurar un futuro distinto. Es el único instrumento capaz de generar decisiones que vayan más allá de los Estados que conforman la organización básica. Pero para ello, es necesario salir de una visión fundada solamente en el poder o quedar atrapados en una visión que realza lo jurídico como realidad vigente. ¿De qué manera podemos diseñar un espacio que posibilite, sobre la base de la ilegalidad del uso de la fuerza y de que no asegura tampoco la estabilidad, generar nuevas oportunidades, abrir nuevas perspectivas? La respuesta está en la construcción de sistemas de cooperación como cuestión central. ¿Cómo construir asociación? Esta es una creación humana y, por lo tanto, depende de la voluntad política de los distintos actores el poder desarrollarla. El sentido de crear una comunidad, la agregación de intereses a partir de perspectivas valóricas, es lo que posibilita esta visión. Sin valores compartidos no es posible un consenso político, sin el cual no habrá acción concertada, ni existirá institucionalidad.

El reconocimiento de valores compartidos y su promoción (la paz, por ejemplo) llevan al diseño y creación de *bienes públicos internacionales,* a la creación de *bienes públicos globales*; esta es la principal tarea del siglo XXI.[27] ¿Qué bienes públicos somos capaces de imaginar y de construir? Las asimetrías en la generación de ideas sobre estos bienes públicos dejan de tener importancia y el aporte latinoamericano puede ser sustantivo. Los bienes públicos que queremos construir serán determinantes en el nuevo milenio, en lo global y lo subregional.

[26] Francisco Rojas Aravena. *Globalización, América latina y la diplomacia de cumbres.* FLACSO-Chile, Santiago, 1998.

[27] Inge Kaul; Isabelle Grunberg; Marc A. Stern (eds.). *Global Public Goods.* Oxford University Press. Oxford, Nueva York, 1999.

El ampliar y profundizar el debate en el marco democrático posibilita que la fase de articulación política adquiera una mayor densidad. Que las iniciativas que de allí surjan tengan un fuerte respaldo político-social y la posibilidad de articularse nacional e internacionalmente de mejor manera. Un debate efectivo a nivel nacional contribuirá de manera efectiva en los procesos decisorios tendientes al logro de la paz y la seguridad internacional.

ÍNDICE

Se terminó de imprimir
en el mes de febrero de 2001
en los talleres gráficos Edigraf S.A.
Delgado 834, Buenos Aires, Argentina.